한글 자음 모음 표

자음 14개(ㄱㄴㄷㄹㅁㅂㅅㅇㅈㅊㅋㅌㅍㅎ)와 쌍자음 5개(ㄲㄸㅃㅆㅉ)이다. 모음 21개를 사전순서에 맞춰 표기 조합되는 글자를 모두 나타낸 것.

모음 자음	ㅏ (아)	ㅑ (야)	ㅓ (어)	ㅕ (여)	ㅗ (오)	ㅛ (요)	ㅜ (우)	ㅠ (유)	ㅡ (으)	ㅣ (이)
ㄱ (기역)	가	갸	거	겨	고	교	구	규	그	기
ㄴ (니은)	나	냐	너	녀	노	뇨	누	뉴	느	니
ㄷ (디귿)	다	댜	더	뎌	도	됴	두	듀	드	디
ㄹ (리을)	라	랴	러	려	로	료	루	류	르	리
ㅁ (미음)	마	먀	머	며	모	묘	무	뮤	므	미
ㅂ (비읍)	바	뱌	버	벼	보	뵤	부	뷰	브	비
ㅅ (시옷)	사	샤	서	셔	소	쇼	수	슈	스	시
ㅇ (이응)	아	야	어	여	오	요	우	유	으	이
ㅈ (지읒)	자	쟈	저	져	조	죠	주	쥬	즈	지
ㅊ (치읓)	차	챠	처	쳐	초	쵸	추	츄	츠	치
ㅋ (키읔)	카	캬	커	켜	코	쿄	쿠	큐	크	키
ㅌ (티읕)	타	탸	터	텨	토	툐	투	튜	트	티
ㅍ (피읖)	파	퍄	퍼	펴	포	표	푸	퓨	프	피
ㅎ (히읗)	하	햐	허	혀	호	효	후	휴	흐	히
ㄲ (쌍기역)	까	꺄	꺼	껴	꼬	꾜	꾸	뀨	끄	끼
ㄸ (쌍디귿)	따	땨	떠	뗘	또	뚀	뚜	뜌	뜨	띠
ㅃ (쌍비읍)	빠	뺘	뻐	뼈	뽀	뾰	뿌	쀼	쁘	삐
ㅆ (쌍시옷)	싸	쌰	써	쎠	쏘	쑈	쑤	쓔	쓰	씨
ㅉ (쌍지읒)	짜	쨔	쩌	쪄	쪼	쬬	쭈	쮸	쯔	찌

한글 자음 모음 표

자음 14개(ㄱㄴㄷㄹㅁㅂㅅㅇㅈㅊㅋㅌㅍㅎ)와 쌍자음 5개(ㄲㄸㅃㅆㅉ)이다. 모음 21개를 사전순서에 맞춰 표기 조합되는 글자를 모두 나타낸 것.

모음 \ 자음	ㅐ(애)	ㅔ(에)	ㅟ(위)	ㅘ(와)	ㅢ(의)	ㅚ(외)	ㅙ(왜)	ㅝ(워)	ㅞ(웨)	ㅒ(얘)	ㅖ(예)
ㄱ (기역)	개	게	귀	과	긔	괴	괘	궈	궤	걔	계
ㄴ (니은)	내	네	늬	놔	늬	뇌	놰	눠	눼	냬	녜
ㄷ (디귿)	대	데	뒤	돠	듸	되	돼	둬	뒈	댸	뎨
ㄹ (리을)	래	레	뤼	롸	릐	뢰	뢔	뤄	뤠	럐	례
ㅁ (미음)	매	메	뮈	뫄	믜	뫼	뫠	뭐	뭬	먜	몌
ㅂ (비읍)	배	베	뷔	봐	븨	뵈	봬	붜	붸	뱨	볘
ㅅ (시옷)	새	세	쉬	솨	싀	쇠	쇄	숴	쉐	섀	셰
ㅇ (이응)	애	에	위	와	의	외	왜	워	웨	얘	예
ㅈ (지읒)	재	제	쥐	좌	즤	죄	좨	줘	줴	쟤	졔
ㅊ (치읓)	채	체	취	촤	츼	최	쵀	춰	췌	챼	쳬
ㅋ (키읔)	캐	케	퀴	콰	킈	쾨	쾌	쿼	퀘	컈	켸
ㅌ (티읕)	태	테	튀	톼	틔	퇴	퇘	퉈	퉤	턔	톄
ㅍ (피읖)	패	페	퓌	퐈	픠	푀	퐤	풔	풰	퍠	폐
ㅎ (히읗)	해	헤	휘	화	희	회	홰	훠	훼	햬	혜
ㄲ (쌍기역)	깨	께	뀌	꽈	끠	꾀	꽤	꿔	꿰	꺠	꼐
ㄸ (쌍디귿)	때	떼	뛰	똬	띄	뙤	뙈	뚸	뛔	땨	뗴
ㅃ (쌍비읍)	빼	뻬	쀠	빠	쁴	뾔	뽸	뿨	쀄	뺘	뼤
ㅆ (쌍시옷)	쌔	쎄	쒸	쏴	씌	쐬	쐐	쒀	쒜	썌	쎼
ㅉ (쌍지읒)	째	쩨	쮜	쫘	쯰	쬐	쫴	쭤	쮀	쨰	쪠

머리말

오늘날 세계는 국제 사회화 되고 있고, 한국의 국가적 위상이 점점 높아지면서 한국에 체류 및 거주하는 외국인의 수도 증가하고 있습니다. 길을 가다 보면 외국인들을 쉽게 볼 수 있는 점에서나 이주 노동자와 여성 결혼 이주민자들의 수가 점점 증가하고 있는 것에서도 알 수 있습니다.

또한, 고등교육화 되어 고등교육을 받은 사람들이 대부분이지만, 학습의 기회를 놓쳐 뒤늦게 교육을 받고자 하는 사람들도 있습니다. 하지만 모든 학습의 기초가 되는 한글을 몰라 뒤늦은 교육마저 포기해야 하는 경우가 있습니다.

이러한 상황에서 그들을 위해 한국어 학습의 기초를 잡아 줄 교재를 만들게 되었습니다.

이 교재는 크게 기초편, 쓰기편, 문법편으로 나누어 가장 기초부터 단계적으로 학습할 수 있도록 구성하였고, 기초편 안에서도 난이도에 따라 자음·모음·받침을 3단계로 나누어 기초를 탄탄하게 할 수 있게 하였습니다.

쓰기편에서는 실생활에 자주 활용되는 단어 및 문장들을 쓰면서 연습할 수 있게 하였고, 문법편에서는 국어의 많은 문법 중에 언어생활에 자주 활용되는 문법을 위주로 구성하였습니다.

각각의 단계 마다 연습문제를 실어 놓음으로써, 반복학습을 통해 학습의 효과를 올릴 수 있도록 하였습니다.

이 교재를 통해 한국어의 기초를 학습하는 여러분들은 기초를 탄탄하게 쌓을 수 있을 것이고, 그 탄탄한 기초가 있기에 한 단계 한 단계 난이도 높은 한국어를 익히는데 도움이 될 수 있을 것이라고 믿어 의심치 않습니다. 이 교재가 여러분들의 한국어 기초를 다지는 데 도움이 되었으면 합니다.

이혜영

목차

한권으로 끝내는 한글 완전정복
고시윌 Gosiwill Education
고객만족센터 02.999.9622
www.gosiwill.net

기초편

1단계

모음(아야어여오요우유으이의)

형성방법	5
발음하기	6
단어 만들기	7
연습문제	8
쓰기연습	10

자음(ㄱㄴㄷㄹㅁㅂㅅ)

발음 및 명칭, 모음과 결합하기	12
단어 만들기	13
연습문제	16
쓰기연습	18

받침(ㄱㄴㄷㄹㅁㅂㅅ)

발음 및 명칭, 받침 결합하기 및 단어 만들기	28
연습문제	35
쓰기연습	36

더 자세히 알아보기   42

2단계

모음(애에외위와워)

형성방법	44
발음 및 자음과 결합하기	45
단어 만들기	46
연습문제	47
쓰기연습	48

자음(ㅇㅈㅊㅋㅌㅍㅎ)

발음 및 명칭, 모음과 결합하기	53
단어 만들기	55
연습문제	56
쓰기연습	57

받침(ㅇㅈㅊㅋㅌㅍㅎ)
- 발음 및 명칭, 받침 결합하기   65
- 읽기연습   66
- 단어 만들기   67
- 연습문제   68
- 쓰기연습   70

3단계

모음(얘예왜웨)
- 형성방법 및 읽기   80
- 자음과 결합하기   81
- 연습문제   82
- 쓰기연습   83

자음(ㄲㄸㅃㅆㅉ)
- 발음 및 명칭, 모음과 결합하기   88
- 단어 만들기   90
- 연습문제   91
- 쓰기연습   93

받침(ㄲㅆ)
- 발음 및 명칭, 받침 결합하기   103
- 연습문제   104
- 쓰기연습   105

더 자세히 알아보기
- 겹받침(ㄳ ㄵ ㄶ ㄺ ㄻ ㄼ ㄽ ㄾ ㅀ ㅄ)   108
- 연습문제   111

기초편 마무리 연습문제   112

쓰기편

요일   117
계절   118
가족관계   119
의성어   121
의태어   122
속담   123
실생활용 문장   127

쓰기편 마무리 연습문제   135

문법편

문장부호   139
띄어쓰기   145
접속어   148
구개음화   151
자음동화   153
문법편 마무리 연습문제   155
총정리 연습문제   159

정답   161

헷갈리고 자주 틀리는 맞춤법   167

인터넷 강의/스마트폰 강의 접속 시청 방법   168

부록

연습 노트
받아쓰기 노트
일기장

본서의 특징

이것만은 알고 공부하자

국어는 성절음이 '모음'으로, 모음이 있다면 하나의 음절을 만들 수 있는 언어입니다. 따라서 '모음'을 기준으로 자음을 더해 음절을 만들 수 있습니다.

그러나 단어로 사용하지 않는 음절이 있을 수 있습니다. 즉, 음절 성립 여부와 사용하는 단어에는 차이가 있을 수 있다는 말입니다. '몌'나 '볘,겡' 같은 글자는 만들 수는 있지만, 우리가 단어로 자주 사용하지 않기 때문에 본 적이 없다고 생각할 수 있습니다.

참고로 '몌'는 '단몌(短袂)', '분몌(分袂)', '양몌(揚袂)' 등의 단어에 쓰이고 있으며, '볘'는 '비트적거리다'의 옛말 '볘다'와 '베다'의 옛말 '볘다'가 있습니다.

※ 이점 참고해서 공부하시기 바랍니다.

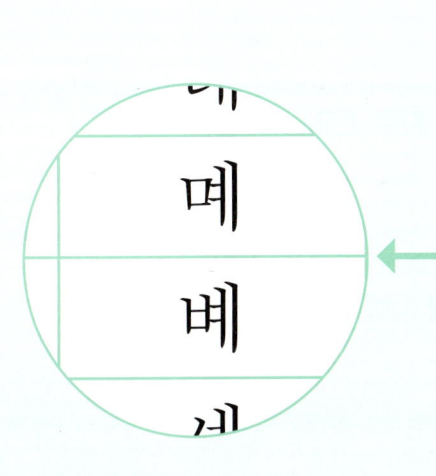

자음＼모음	애	예	왜	웨
ㄱ	개	계	괘	궤
ㄴ	내	녜	놰	눼
ㄷ	대	데	돼	뒈
ㄹ	래	례	뢔	뤠
ㅁ	매	몌	뫠	뭬
ㅂ	배	볘	봬	붸
ㅅ	새	세	쇄	쉐
ㅇ	애	예	왜	웨
ㅈ	재	제	좨	줴
ㅊ	채	체	좨	췌
ㅋ	캐	케	쾌	퀘
ㅌ	태	테	퇘	퉤
ㅍ	패	페	퐤	풰
ㅎ	해	혜	홰	훼

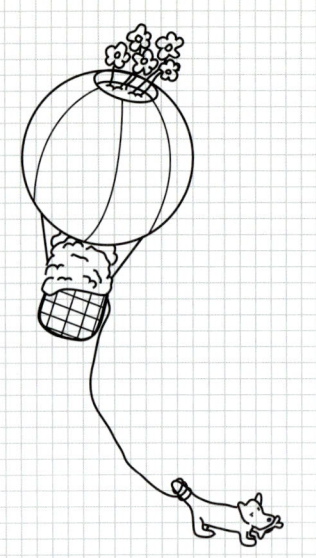

기초편

1단계

모음 (아 ~ 의)

자음 (ㄱ ~ ㅅ)

받침 (ㄱ ~ ㅅ)

가장 유능한 사람은 가장 배움에 힘쓰는 사람이다.

-괴테-

▶ 모음 ▶▶▶▶▶▶ 단어를 만들어 봅시다.   단계 1

'**아 어 오 우 으 이**'가 기본이 되는 모음이고,
'**야 여 요 유 의**'는 기본모음에 모음 '**이**'가 결합되어
형성된 모음입니다.

● 모음과 모음을 결합하여 새로운 모음을 만들어 봅시다.

	모음 '이'
아	이 + 아 = **야**
어	이 + 어 = **여**
오	이 + 오 = **요**
우	이 + 우 = **유**
으	이 + 으 = **의**

1단계 ▶ 모음 ▶▶▶▶▶▶ 소리 내어 읽어 봅시다.

입을 크게 벌리세요.

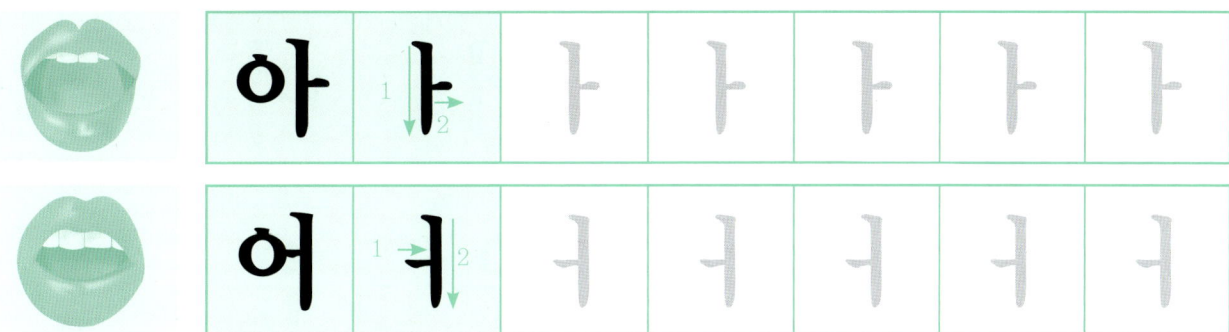

입술을 동그랗게 만드세요.

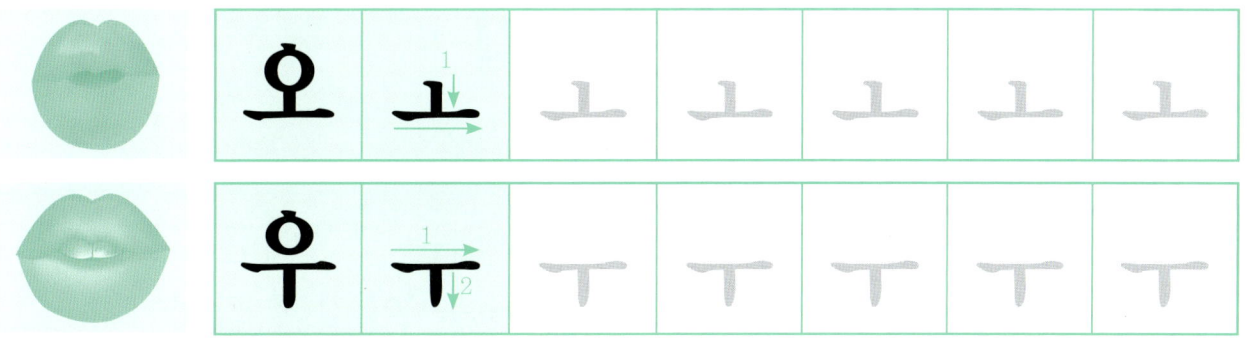

입술을 평평하게 만드세요.

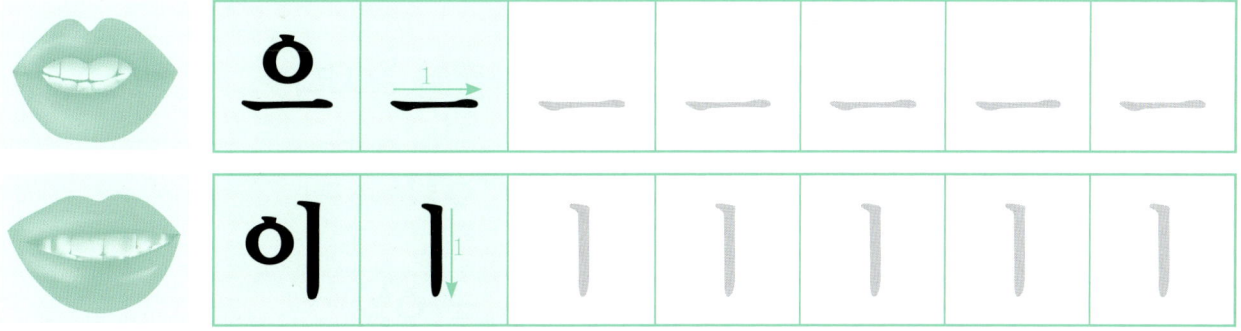

'이'로 발음을 시작하여 '아'로 발음을 바꾸어 봅니다. 그러면 '야'로 소리가 납니다. 이와 같은 방법으로 기본이 되는 모든 모음에 적용해 봅니다.

| 이 → 어 = 여 | 이 → 오 = 요 | 이 → 우 = 유 |

이 → 으 = 의 로 소리가 나는 것을 확인해 볼 수 있습니다.

▶ **모음** ▶▶▶▶▶ 단어를 만들어 봅시다. ▶ 단계 **1**

단어란, 분리하여 혼자 쓸 수 있는 말을 말합니다.

아 이

여 우

우 유

야 유

여 유

아 우

유 의

이 의

우 아

여기서 잠깐!

모음 없이 자음만으로는 글자를 이룰 수 없지만, 모음만으로는 글자를 이룰 수 있습니다.

고시월 한글 교육원 | 7

연습 해 봅시다.

1 빈 칸에 모음을 넣어 완성하세요.

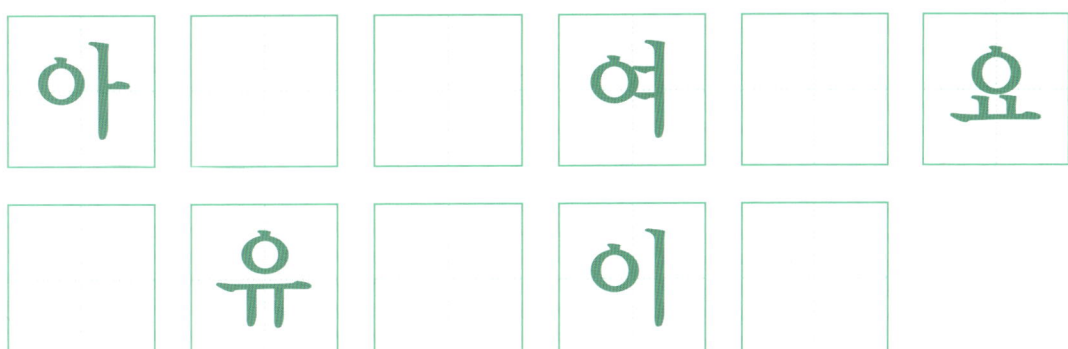

2 모음을 결합하여 빈 칸을 채워보세요.

모음	이				
어					
우					
오					
아					
으					

연습 해 봅시다.

3 글자를 연결하여 단어를 만들어 보세요.

아 ·	· 아
야 ·	· 야
어 ·	· 어
여 ·	· 여
오 ·	· 오
요 ·	· 요
우 ·	· 우
유 ·	· 유
으 ·	· 으
이 ·	· 이

1단계 ▶ 모음 ▶▶▶▶▶▶▶▶ 바르게 써 봅시다.

아	아										
야	야										
어	어										
여	여										
오	오										
요	요										
우	우										
유	유										
으	으										
이	이										
의	의										

한글과 한판승 1탄

▶ **모음** ▶▶▶▶▶▶ 단어를 만들어 봅시다. 단계 **1**

아	이										
여	우										
우	유										
야	유										
여	유										
아	우										
유	의										
이	의										
우	아										

고시월 한글 교육원 | 11

1단계 ▶ 자음

> 모음만으로는 글자를 이룰 수 있지만 자음만으로는 글자를 이룰 수 없고, 모음과 결합하여야 글자를 이룰 수 있습니다.
> **'자음 + 모음'**으로 글자를 이룹니다.

◆ 자음과 모음을 결합하여 글자를 만들어 봅시다.

모음＼자음	ㄱ	ㄴ	ㄷ	ㄹ	ㅁ	ㅂ	ㅅ
아	가	나	다	라	마	바	사
야	갸	냐	댜	랴	먀	뱌	샤
어	거	너	더	러	머	버	서
여	겨	녀	뎌	려	며	벼	셔
오	고	노	도	로	모	보	소
요	교	뇨	됴	료	묘	뵤	쇼
우	구	누	두	루	무	부	수
유	규	뉴	듀	류	뮤	뷰	슈
으	그	느	드	르	므	브	스
이	기	니	디	리	미	비	시
의	긔	늬	듸	릐	믜	븨	싀

자음 ▶▶▶▶▶▶ 단어를 만들어 봅시다. 　　단계 1

가 사

가 수

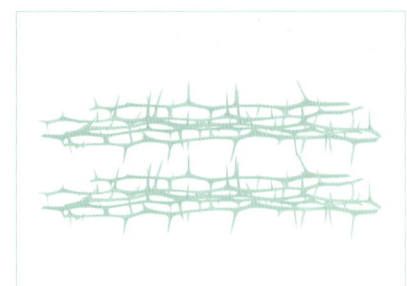
가 시

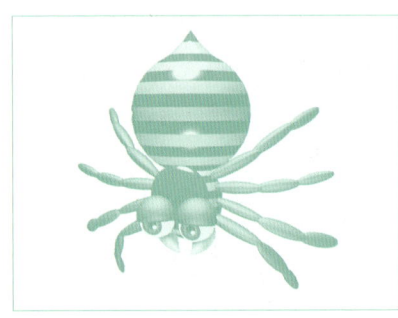
거 미

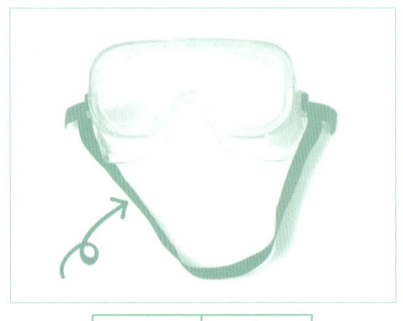
고 무

고 모

도 로

다 리

무

비 누

이 모

나 무

1단계 ▶ 자음 ▶▶▶▶▶▶ 단어를 만들어 봅시다.

가로   도마   머리

두부   미소   시소

기구   노루   부모

여보   버스   소라

▶ 자음 ▶▶▶▶▶▶ 단어를 만들어 봅시다. ▶ 단계 1

소리

기도

구두

어머니

미나리

비디오

가로수

두루미

소나무

다리미

바나나

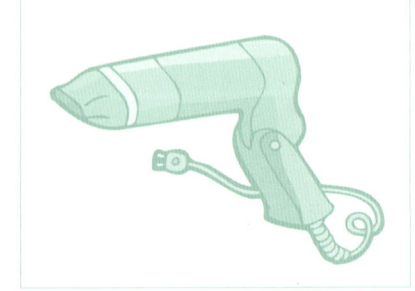
드라이

연습 해 봅시다.

1 빈 칸에 자음을 넣어 완성하세요.

| | ㄴ | ㄷ | | ㅂ | |

2 자음과 모음을 결합하여 빈 칸을 채워보세요.

모음 \ 자음	ㄱ	ㄴ	ㄷ	ㄹ
오				
아				
어				
우				
으				
이				

연습 해 봅시다.

3 자음과 그에 맞는 명칭을 연결하세요.

① ㄷ •　　　　• ① 기역

② ㅂ •　　　　• ② 디귿

③ ㄱ •　　　　• ③ 비읍

④ ㄹ •　　　　• ④ 리을

⑤ ㄴ •　　　　• ⑤ 시옷

⑥ ㅁ •　　　　• ⑥ 미음

⑦ ㅅ •　　　　• ⑦ 니은

고시월 한글 교육원

1단계 ▶ 자음 ▶▶▶▶▶▶▶▶ 바르게 써 봅시다.

ㄱ	ㄱ										
ㄴ	ㄴ										
ㄷ	ㄷ										
ㄹ	ㄹ										
ㅁ	ㅁ										
ㅂ	ㅂ										
ㅅ	ㅅ										
가	가										
야	야										
거	거										
겨	겨										
고	고										
교	교										

18 | 한글과 한판승 1탄

자음 ▶▶▶▶▶▶▶▶ 바르게 써 봅시다. 단계 1

구	구										
규	규										
그	그										
기	기										
긔	긔										
나	나										
냐	냐										
너	너										
녀	녀										
노	노										
뇨	뇨										
누	누										
뉴	뉴										

1단계 ▶ 자음 ▶▶▶▶▶▶▶▶ 바르게 써 봅시다. ▶

느	느										
니	니										
늬	늬										
다	다										
댜	댜										
더	더										
뎌	뎌										
도	도										
됴	됴										
두	두										
듀	듀										
드	드										
디	디										

자음 ▶▶▶▶▶▶▶ 바르게 써 봅시다. 단계 1

디	디								
라	라								
랴	랴								
러	러								
려	려								
로	로								
료	료								
루	루								
류	류								
르	르								
리	리								
릐	릐								
마	마								

1단계 ▶ 자음 ▶▶▶▶▶▶▶▶ 바르게 써 봅시다.

먀	먀									
머	머									
며	며									
모	모									
묘	묘									
무	무									
뮤	뮤									
므	므									
미	미									
믜	믜									
바	바									
뱌	뱌									
버	버									

▶ 자음　▶▶▶▶▶▶▶▶　바르게 써 봅시다.　　단계 1

벼	벼									
보	보									
뵤	뵤									
부	부									
뷰	뷰									
브	브									
비	비									
븨	븨									
사	사									
샤	샤									
서	서									
셔	셔									
소	소									

고시월 한글 교육원 | 23

1단계 ▶ 자음 ▶▶▶▶▶▶▶ 바르게 써 봅시다.

쇼	쇼								
수	수								
슈	슈								
스	스								
시	시								
싀	싀								
가	사								
가	수								
가	시								
거	미								
고	무								
고	모								
도	로								

▶ 자음 ▶▶▶▶▶▶▶▶ 바르게 써 봅시다. 단계 1

다	리										
무											
비	누										
이	모										
나	무										
가	로										
도	마										
머	리										
두	부										
미	소										
시	소										
기	구										
노	루										

고시윌 한글 교육원

1단계 ▶ 자음 ▶▶▶▶▶▶▶ 바르게 써 봅시다.

부	모								
여	보								
버	스								
소	라								
소	리								
기	도								
구	두								
어	머	니							
미	나	리							
비	디	오							

▶ 자음 ▶▶▶▶▶▶▶▶ 바르게 써 봅시다. 　단계 1

가	로	수

두	루	미

소	나	무

다	리	미

바	나	나

드	라	이

1단계 ▶ 받침

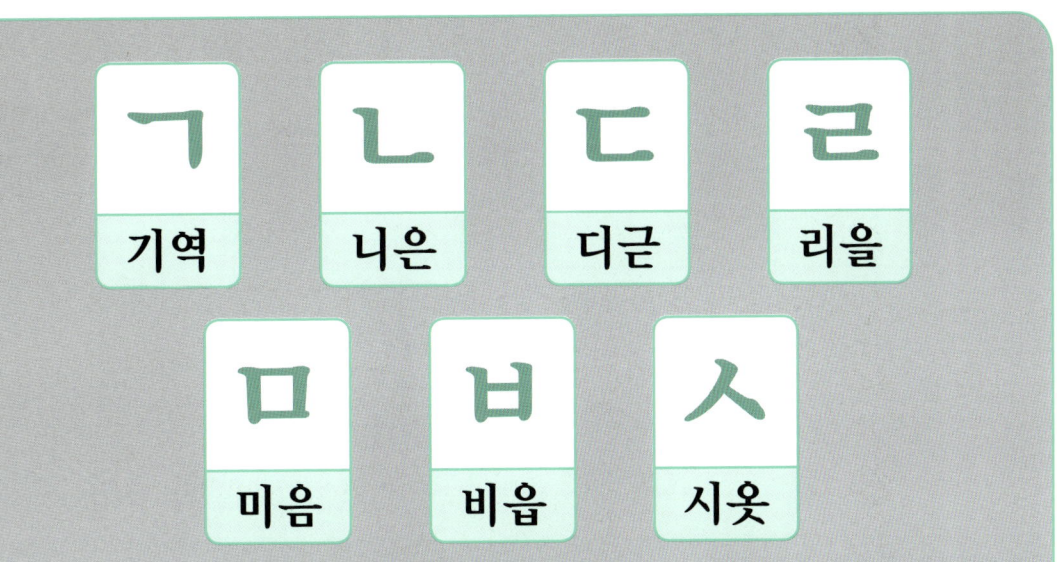

받침은 모음 아래에 씁니다.
받침에도 자음을 그대로 쓸 수 있습니다.

◆ 낱자와 받침을 결합하여 새로운 글자를 만들어 봅시다.

1 가 나 다 라 마 바 사

	ㄱ	ㄴ	ㄷ	ㄹ	ㅁ	ㅂ	ㅅ
가	각	간	갇	갈	감	갑	갓
나	낙	난	낟	날	남	납	낫
다	닥	단	닫	달	담	답	닷
라	락	란	랃	랄	람	랍	랏
마	막	만	맏	말	맘	맙	맛
바	박	반	받	발	밤	밥	밧
사	삭	산	삳	살	삼	삽	삿

▶ 받침 ▶▶▶▶▶ 단어를 만들어 봅시다. 　단계 1

✿ 단어를 만들어 봅시다. (가 나 다 라 마 바 사)

가 난

만 남

삿 갓

사 람

삭 발

산 삼

고시윌 한글 교육원 | 29

1단계 ▶ 받침 ▶▶▶▶▶▶ 단어를 만들어 봅시다.

2 거 너 더 러 머 버 서

	ㄱ	ㄴ	ㄷ	ㄹ	ㅁ	ㅂ	ㅅ
거	걱	건	걷	걸	검	겁	것
너	넉	넌	넏	널	넘	넙	넛
더	덕	던	덛	덜	덤	덥	덧
러	럭	런	럳	럴	럼	럽	럿
머	먹	먼	먿	멀	멈	멉	멋
버	벅	번	벋	벌	범	법	벗
서	석	선	섣	설	섬	섭	섯

◆ 단어를 만들어 봅시다. (거 너 더 러 머 버 서)

버섯

더덕

받침 ▶▶▶▶▶▶ 단어를 만들어 봅시다. 단계 1

3 고 노 도 로 모 보 소

	ㄱ	ㄴ	ㄷ	ㄹ	ㅁ	ㅂ	ㅅ
고	곡	곤	곧	골	곰	곱	곳
노	녹	논	녿	놀	놈	놉	놋
도	독	돈	돋	돌	돔	돕	돗
로	록	론	롣	롤	롬	롭	롯
모	목	몬	몯	몰	몸	몹	못
보	복	본	볻	볼	봄	봅	봇
소	속	손	솓	솔	솜	솝	솟

● 단어를 만들어 봅시다. (고 노 도 로 모 보 소)

로 봇

몰 골

속 독

1단계 ▶ 받침 ▶▶▶▶▶ 단어를 만들어 봅시다.

4 구 누 두 루 무 부 수

	ㄱ	ㄴ	ㄷ	ㄹ	ㅁ	ㅂ	ㅅ
구	국	군	굳	굴	굼	굽	굿
누	눅	눈	눋	눌	눔	눕	눗
두	둑	둔	둗	둘	둠	둡	둣
루	룩	룬	룯	룰	룸	룹	룻
무	묵	문	묻	물	뭄	뭅	뭇
부	북	분	붇	불	붐	붑	붓
수	숙	순	숟	술	숨	습	숫

● 단어를 만들어 봅시다. (구 누 두 루 무 부 수)

국군

수술

숙부

순두부

▶ 받침 ▶▶▶▶▶ 단어를 만들어 봅시다. 단계 1

5 그ㄴㄷㄹㅁㅂㅅ

	ㄱ	ㄴ	ㄷ	ㄹ	ㅁ	ㅂ	ㅅ
그	극	근	귿	글	금	급	긋
느	늑	는	늗	늘	늠	늡	늣
드	득	든	듣	들	듬	듭	듯
르	륵	른	륻	를	름	릅	릇
므	믁	믄	믇	믈	믐	믑	믓
브	븍	븐	븓	블	븜	븝	븟
스	슥	슨	슫	슬	슴	습	슷

● 단어를 만들어 봅시다. (그ㄴㄷㄹㅁㅂㅅ)

그늘

그릇

1단계 ▶ 받침 ▶▶▶▶▶ 단어를 만들어 봅시다.

6 기 니 디 리 미 비 시

	ㄱ	ㄴ	ㄷ	ㄹ	ㅁ	ㅂ	ㅅ
기	긱	긴	긷	길	김	깁	깃
니	닉	닌	닏	닐	님	닙	닛
디	딕	딘	딛	딜	딤	딥	딧
리	릭	린	릳	릴	림	립	릿
미	믹	민	믿	밀	밈	밉	밋
비	빅	빈	빋	빌	빔	빕	빗
시	식	신	싣	실	심	십	싯

● 단어를 만들어 봅시다. (기 니 디 리 미 비 시)

비밀

밀림

기린

연습 해 봅시다.

1 빈 칸에 받침을 넣고, 괄호 안에 각각의 명칭을 쓰세요.

| | ㄴ | | ㄹ | | | ㅅ |

( ) ( ) ( ) ( ) ( ) ( ) ( )

2 낱자와 받침을 결합하여 빈 칸을 채우세요.

	가	나	다	라	마	바	사
ㄱ							
ㄴ							
ㄷ							
ㄹ							
ㅁ							
ㅂ							
ㅅ							

고시윌 한글 교육원

1단계 ▶ 받침 ▶▶▶▶▶▶▶ 바르게 써 봅시다.

각	각										
낙	낙										
닥	닥										
락	락										
막	막										
박	박										
삭	삭										
간	간										
난	난										
단	단										
란	란										
만	만										
반	반										

▶ 받침　▶▶▶▶▶▶▶　바르게 써 봅시다.　단계 1

산	산									
간	간									
낟	낟									
닫	닫									
랃	랃									
맏	맏									
받	받									
삳	삳									
갈	갈									
날	날									
달	달									
랄	랄									
말	말									

고시윌 한글 교육원

1단계 ▶ 받침 ▶▶▶▶▶▶▶ 바르게 써 봅시다.

발	발									
살	살									
감	감									
남	남									
담	담									
람	람									
맘	맘									
밤	밤									
삼	삼									
갑	갑									
납	납									
답	답									
랍	랍									

받침 ▶▶▶▶▶▶▶ 바르게 써 봅시다. 　단계 1

맙	맙										
밥	밥										
삽	삽										
갓	갓										
낫	낫										
닷	닷										
랏	랏										
맛	맛										
밧	밧										
삿	삿										
가	난										
만	남										
삿	갓										

1단계 ▶ 받침 ▶▶▶▶▶▶▶ 바르게 써 봅시다. ▶

사	람								
삭	발								
산	삼								
버	섯								
더	덕								
로	봇								
몰	골								
속	독								
국	군								
수	술								
숙	부								
순	두	부							

▶ 받침 ▶▶▶▶▶▶▶▶ 바르게 써 봅시다. ▶ 단계 **1**

그	늘								
그	릇								
비	밀								
밀	림								
기	린								

연습노트 (글자를 써 보세요)

1단계 ▶ 모음 ▶▶▶▶▶ 더 자세히 알아봅시다 ▶

1 한글에는 몇 개의 자음과 모음이 있을까?

자음	모음
19개	21개

2 '아이'라는 단어는 몇 개의 자음과 모음으로 이루어져 있을까?

자음	모음
0개	2개

 여기서 잠깐!

아이에서 'ㅇ'은 자음이 아닌가요? 네, 아닙니다.
예를 들어, '앙'이라는 글자가 있을 때, 'ㅏ'앞에 'ㅇ'은 자음이 아닙니다. 그러나 받침의 'ㅇ'은 자음입니다. **즉, 초성의 'ㅇ'은 자음이 아니고, 종성의 'ㅇ'만 자음**입니다.

3 초성, 중성, 종성이 무엇일까?

초 : 처음 (초)	중 : 가운데 (중)	종 : 끝 (종)
초성-처음 소리	중성-가운뎃소리	종성-끝 소리

예 예를 들어, 간이라는 글자가 있을 때,

처음에 있는 'ㄱ'이 초성,
중간에 있는 'ㅏ'가 중성,
끝에 있는 'ㄴ'이 종성입니다.

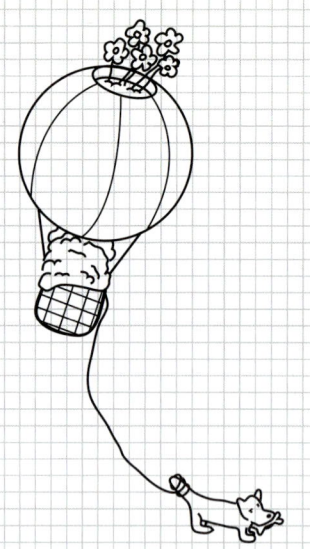

기초편

2단계

모음 (애 ~ 워)

자음 (ㅇ ~ ㅎ)

받침 (ㅇ ~ ㅎ)

2단계 ▶ 모음

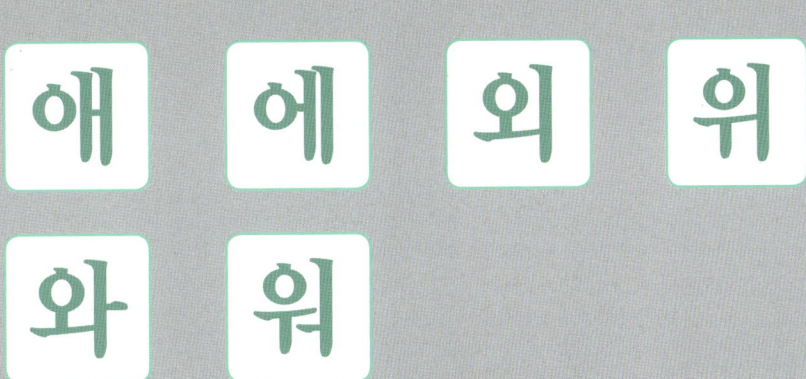

이 모음은 기본모음에 다른 모음이 결합된 모음입니다.

◆ 모음과 모음을 결합하여 새로운 모음을 만들어 봅시다.

애	아 + 이 → 애
에	어 + 이 → 에
외	오 + 이 → 외
위	우 + 이 → 위
와	오 + 아 → 와
워	우 + 어 → 워

▶ 모음 ▶▶▶▶▶ 소리 내어 읽어 봅시다. 단계 2

'ㅐ'는 'ㅔ'보다 입을 양옆으로 더 넓게 벌려 발음합니다. 그러나 사실상 발음에 큰 차이가 없고, 사람들도 큰 차이 없이 발음하기 때문에 표기할 때 주의해야 합니다.

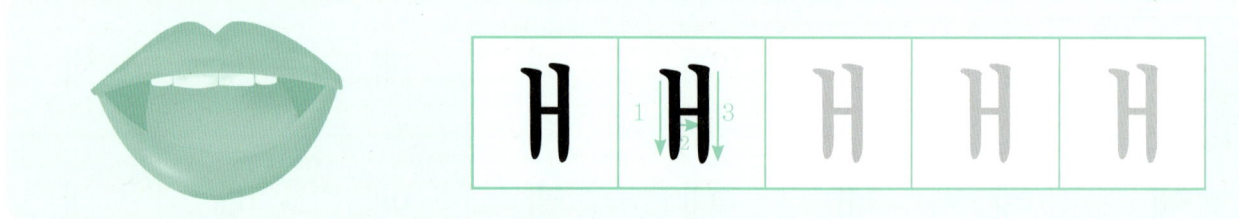

ㅚ : 발음할 때 'ㅗ'로 시작하여 'ㅣ'로 끝납니다.

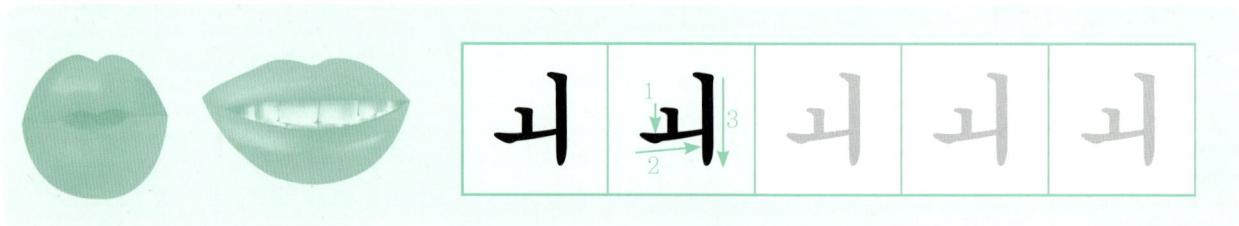

ㅟ : ㅜ → ㅣ

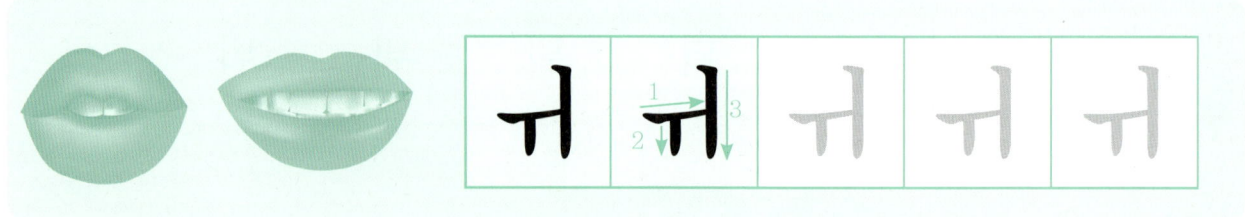

ㅘ : ㅗ → ㅏ

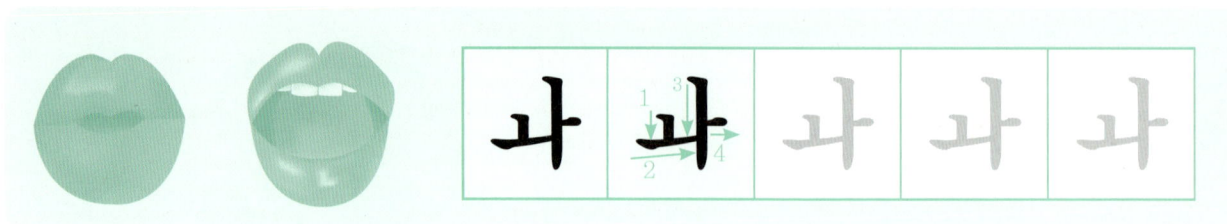

ㅝ : ㅜ → ㅓ

2 ▶ 모음 ▶▶▶▶▶ 단어를 만들어 봅시다.

🟢 자음과 모음을 결합하여 새로운 글자를 만들어 봅시다.

모음\자음	ㄱ	ㄴ	ㄷ	ㄹ	ㅁ	ㅂ	ㅅ
애	개	내	대	래	매	배	새
에	게	네	데	레	메	베	세
외	괴	뇌	되	뢰	뫼	뵈	쇠
위	귀	뉘	뒤	뤼	뮈	뷔	쉬
와	과	놔	돠	롸	뫄	봐	솨
워	궈	눠	둬	뤄	뭐	붜	숴

🟢 단어를 만들어 봅시다.

과 외

새 배

연습 해 봅시다.

1 빈 칸에 알맞은 모음을 넣으세요.

① 아 + □ = 애

② 어 + □ = 에

③ 우 + 이 = □

④ □ + 이 = 외

⑤ 오 + 아 = □

⑥ 우 + □ = 워

2 앞에서 배운 단어를 자음, 모음으로 나누어 보세요.

① 과외 ⇨

② 새배 ⇨

2단계 ▶ 모음 ▶▶▶▶▶▶▶▶ 바르게 써 봅시다.

애	애								
에	에								
외	외								
위	위								
와	와								
워	워								
개	개								
게	게								
괴	괴								
귀	귀								
과	과								
궈	궈								
내	내								

모음 바르게 써 봅시다. 단계 2

네	네										
뇌	뇌										
뉘	뉘										
놔	놔										
눠	눠										
대	대										
데	데										
되	되										
뒤	뒤										
돠	돠										
둬	둬										
래	래										
레	레										

2단계 ▶ 모음 ▶▶▶▶▶▶▶ 바르게 써 봅시다.

뢰	뢰										
뤼	뤼										
롸	롸										
뤄	뤄										
매	매										
메	메										
뫼	뫼										
뮈	뮈										
뫄	뫄										
뭐	뭐										
배	배										
베	베										
뵈	뵈										

모음 바르게 써 봅시다. 단계 2

뷔	뷔									
봐	봐									
붜	붜									
새	새									
세	세									
쇠	쇠									
쉬	쉬									
솨	솨									
숴	숴									
과	외									
새	배									

고시월 한글 교육원

연습노트 (글자를 써 보세요)

모음 ▶▶▶▶▶▶▶ 바르게 써 봅시다. 단계 2

'ㅊ ㅋ ㅌ ㅍ'은 발음할 때 공기가 밖으로 강하게 나오는 소리입니다.

◆ 자음과 모음을 결합하여 글자를 만들어 봅시다.

모음\자음	ㅇ	ㅈ	ㅊ	ㅋ	ㅌ	ㅍ	ㅎ
아	아	자	차	카	타	파	하
야	야	쟈	챠	캬	탸	퍄	햐
어	어	저	처	커	터	퍼	허
여	여	져	쳐	켜	텨	펴	혀
오	오	조	초	코	토	포	호
요	요	죠	쵸	쿄	툐	표	효
우	우	주	추	쿠	투	푸	후
유	유	쥬	츄	큐	튜	퓨	휴
으	으	즈	츠	크	트	프	흐

2단계 ▶ 자음 ▶▶▶▶▶▶ 소리 내어 읽어 봅시다.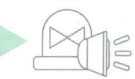

모음＼자음	ㅇ	ㅈ	ㅊ	ㅋ	ㅌ	ㅍ	ㅎ
이	이	지	치	키	티	피	히
의	의	즤	츼	킈	틔	픠	희
애	애	재	채	캐	태	패	해
에	에	제	체	케	테	페	헤
위	위	쥐	취	퀴	튀	퓌	휘
외	외	죄	최	쾨	퇴	푀	회
와	와	좌	촤	콰	톼	퐈	화
워	워	줘	춰	쿼	튀	풔	훠

🌸 소리 내어 읽어 봅시다.

'ㄱ ㄷ ㅂ ㅈ'에 'ㅎ'을 넣어 발음합니다.

ㄱ + ㅎ = ㅋ
(기역) (히읗) (키읔)

ㄷ + ㅎ = ㅌ
(디귿) (히읗) (티읕)

54 | 한글과 한판승 1탄

▶ 모음 ▶▶▶▶▶ 소리 내어 읽어 봅시다. ▶ 단계 2

🌸 단어를 만들어 봅시다.

의 자

치 타

우 주

연습 해 봅시다.

1 빈 칸에 자음을 넣어 완성하고, 괄호 안에 명칭을 써 넣으세요.

ㄱ		ㄷ		ㅁ	ㅂ	
( )	( )	( )	( )	( )	( )	( )

ㅇ			ㅋ		ㅍ	
( )	( )	( )	( )	( )	( )	( )

2 앞에서 배운 단어를 자음, 모음으로 나누어 보세요.

① 의자 ⇨
② 치타 ⇨
③ 우주 ⇨

3 괄호 안에 들어갈 공통된 자음을 쓰세요.

① ㄱ + ☐ = ㅋ   ② ㄷ + ☐ = ㅌ

③ ㅂ + ☐ = ㅍ   ④ ㅈ + ☐ = ㅊ

56 | 한글과 한판승 1탄

자음 ▶▶▶▶▶▶▶▶ 바르게 써 봅시다.   단계 2

ㅇ	ㅇ										
ㅈ	ㅈ										
ㅊ	ㅊ										
ㅋ	ㅋ										
ㅌ	ㅌ										
ㅍ	ㅍ										
ㅎ	ㅎ										
아	아										
자	자										
차	차										
카	카										
타	타										
파	파										

고시월 한글 교육원

2단계 ▶ 자음 ▶▶▶▶▶▶▶▶ 바르게 써 봅시다.

하	하										
야	야										
쟈	쟈										
챠	챠										
캬	캬										
탸	탸										
퍄	퍄										
햐	햐										
어	어										
저	저										
처	처										
커	커										
터	터										

자음 ▶▶▶▶▶▶▶ 바르게 써 봅시다. 단계 2

퍼	퍼									
허	허									
여	여									
져	져									
쳐	쳐									
켜	켜									
텨	텨									
펴	펴									
혀	혀									
오	오									
조	조									
초	초									
코	코									

2단계 ▶ 자음 ▶▶▶▶▶▶▶▶ 바르게 써 봅시다.

토	토								
포	포								
호	호								
요	요								
죠	죠								
쵸	쵸								
쿄	쿄								
튜	튜								
표	표								
효	효								
우	우								
주	주								
추	추								

자음 ▶▶▶▶▶▶▶▶ 바르게 써 봅시다. ▶ 단계 2

쿠	쿠										
투	투										
푸	푸										
후	후										
유	유										
쥬	쥬										
츄	츄										
큐	큐										
튜	튜										
퓨	퓨										
휴	휴										
으	으										
즈	즈										

2단계 ▶ 자음 ▶▶▶▶▶▶▶▶ 바르게 써 봅시다.

츠	츠								
크	크								
트	트								
프	프								
흐	흐								
이	이								
지	지								
치	치								
키	키								
티	티								
피	피								
히	히								
의	의								

자음 ▶▶▶▶▶▶▶▶ 바르게 써 봅시다. 　단계 2

지	지									
치	치									
키	키									
티	티									
피	피									
희	희									
의	자									
치	타									
우	주									

연습노트 (글자를 써 보세요)

▶ 받침　단계 2

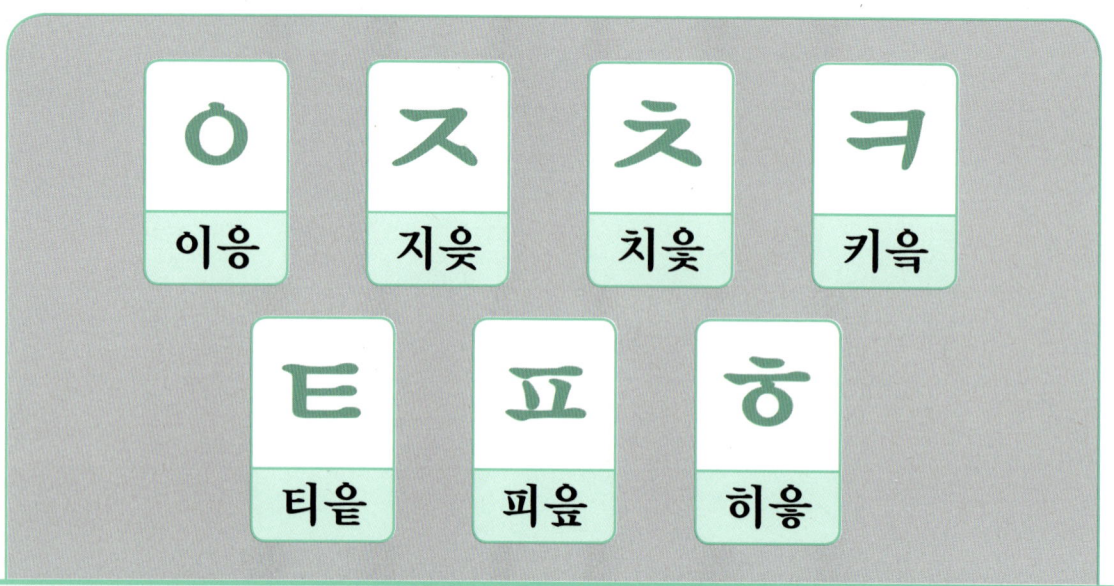

● 낱자와 받침을 결합하여 새로운 글자를 만들어 봅시다.

	ㅇ	ㅈ	ㅊ	ㅋ	ㅌ	ㅍ	ㅎ
가	강	갖	갗	각	같	갚	갛
나	낭	낮	낯	낙	낱	낲	낳
다	당	닺	닻	닥	닽	닾	닿
라	랑	랒	랓	락	랕	랖	랗
마	망	맞	맟	막	맡	맢	맣
바	방	밪	밫	박	밭	밮	밯
사	상	샂	샃	삭	샅	샆	샇
아	앙	앚	앛	악	앝	앞	앟
자	장	잦	잧	작	잩	잪	잫
차	창	찾	찿	착	챁	챂	챃

2단계 ▶ 받침 ▶▶▶▶▶▶ 소리 내어 읽어 봅시다.

	ㅇ	ㅈ	ㅊ	ㅋ	ㅌ	ㅍ	ㅎ
카	캉	캊	캋	캌	캍	캎	캏
타	탕	탖	탗	탁	탙	탚	탛
파	팡	팢	팣	팍	팥	팦	팧
하	항	핮	핯	학	핱	핲	핳

● 소리 내어 읽어 봅시다.

'ㅋ ㅌ ㅍ ㅊ'은 받침으로 쓰일 때 'ㄱ ㄷ ㅂ ㄷ'과 소리가 같다.

ㅋ → ㄱ	ㅌ, ㅊ → ㄷ	ㅍ → ㅂ
부엌 → [부억]	빝, 빛 → [빋]	숲 → [숩]

① 강 → [강] ② 갖 → [갇] ③ 갗 → [갇]

④ 각 → [각] ⑤ 같 → [갇] ⑥ 갚 → [갑]

⑦ 갛 → [갇]

여기서 잠깐!

받침에서 모든 자음이 그대로 소리 나지 않네요. 받침으로 소리 나는 자음은 [ㄱ ㄴ ㄷ ㄹ ㅁ ㅂ ㅇ] 7가지입니다.

 모음 ▶▶▶▶▶▶ 소리 내어 읽어 봅시다. 　단계 2

예
각 → [각]   갖 → [갇]   갑 → [갑]
강 → [강]   갈 → [갈]   갚 → [갑]
간 → [간]   갂 → [각]   갓 → [갇]
갖 → [갇]   감 → [감]   갛 → [갇]
갇 → [갇]   같 → [갇]

 모든 자음을 받침으로 놓고 발음을 해 보았더니 어떤가요? [ㄱ ㄴ ㄷ ㄹ ㅁ ㅂ ㅇ] 7가지 자음으로만 발음이 된다는 거 이제 확실히 이해할 수 있겠죠? 이것을 **음절의 끝소리 규칙**이라고 합니다.

🌱 단어를 만들어 봅시다.

가 방

상 장

차 창

연습 해 봅시다.

1 받침으로 소리 나는 자음 7가지를 네모 칸에 넣고, 각각의 명칭을 괄호 안에 넣으세요.

□ □ □ □ □ □ □
( ) ( ) ( ) ( ) ( ) ( ) ( )

2 소리 나는 대로 괄호 안에 채워 보세요.

강 [ ]	갓 [ ]	갖 [ ]	각 [ ]	같 [ ]	갑 [ ]	갛 [ ]
낭 [ ]	낫 [ ]	낮 [ ]	낙 [ ]	낱 [ ]	높 [ ]	낳 [ ]
당 [ ]	닷 [ ]	닺 [ ]	닥 [ ]	닽 [ ]	답 [ ]	당 [ ]
랑 [ ]	랏 [ ]	랒 [ ]	락 [ ]	랕 [ ]	랖 [ ]	랗 [ ]
망 [ ]	맛 [ ]	맞 [ ]	막 [ ]	맡 [ ]	맢 [ ]	맣 [ ]
방 [ ]	밧 [ ]	밪 [ ]	박 [ ]	밭 [ ]	밮 [ ]	샇 [ ]
상 [ ]	삿 [ ]	샂 [ ]	삭 [ ]	샅 [ ]	샆 [ ]	샇 [ ]

연습 해 봅시다.

앙 [ ]	앚 [ ]	앛 [ ]	악 [ ]	앝 [ ]	앞 [ ]	앟 [ ]
장 [ ]	잦 [ ]	잧 [ ]	작 [ ]	잩 [ ]	잪 [ ]	잫 [ ]
창 [ ]	찾 [ ]	찿 [ ]	착 [ ]	챁 [ ]	챂 [ ]	챃 [ ]
캉 [ ]	캊 [ ]	캋 [ ]	칵 [ ]	캍 [ ]	캎 [ ]	캏 [ ]
탕 [ ]	탖 [ ]	탗 [ ]	탁 [ ]	탙 [ ]	탚 [ ]	탛 [ ]
팡 [ ]	팢 [ ]	팣 [ ]	팍 [ ]	팥 [ ]	팦 [ ]	팧 [ ]
항 [ ]	핮 [ ]	핯 [ ]	학 [ ]	핱 [ ]	핲 [ ]	핳 [ ]

3 한글 발음에서 받침은 7개의 자음만으로 소리가 납니다. 이 규칙을 무엇이라고 하나요?

2단계 ▶ 받침 ▶▶▶▶▶▶▶ 바르게 써 봅시다.

강	강									
낭	낭									
당	당									
랑	랑									
망	망									
방	방									
상	상									
앙	앙									
장	장									
창	창									
캉	캉									
탕	탕									
팡	팡									

받침 바르게 써 봅시다. 단계 2

핫	핫
갓	갓
낫	낫
닻	닻
랒	랒
맞	맞
밫	밫
삿	삿
앚	앚
잦	잦
찾	찾
캋	캋
탖	탖

2단계 ▶ 받침 ▶▶▶▶▶▶▶ 바르게 써 봅시다.

팟	팟									
핫	핫									
갖	갖									
낮	낮									
닻	닻									
랓	랓									
맞	맞									
빛	빛									
샃	샃									
앚	앚									
잦	잦									
찾	찾									
캋	캋									

▶ 받침 ▸▸▸▸▸▸▸▸ 바르게 써 봅시다. 　단계 2

탖	탖									
팣	팣									
핫	핫									
각	각									
낙	낙									
닥	닥									
락	락									
막	막									
박	박									
삭	삭									
악	악									
작	작									
착	착									

2단계 ▶ 받침 ▶▶▶▶▶▶▶▶ 바르게 써 봅시다.

칵	칵										
탁	탁										
팍	팍										
학	학										
같	같										
낱	낱										
닽	닽										
랕	랕										
맡	맡										
밭	밭										
샅	샅										
앝	앝										
잩	잩										

▶ 받침 ▶▶▶▶▶▶▶ 바르게 써 봅시다. ▶ 단계 2

찰	찰											
칼	칼											
탈	탈											
팥	팥											
핥	핥											
갌	갌											
낣	낣											
닪	닪											
랇	랇											
맒	맒											
밦	밦											
삶	삶											
앞	앞											

고시윌 한글 교육원 | 75

2단계 ▶ 받침 ▶▶▶▶▶▶▶ 바르게 써 봅시다.

잪	잪										
찮	찮										
캎	캎										
탚	탚										
퐆	퐆										
핲	핲										
걍	걍										
냥	냥										
댕	댕										
랑	랑										
망	망										
방	방										
상	상										

받침 ▶▶▶▶▶▶▶ 바르게 써 봅시다. 단계 2

앙	앙									
장	장									
창	창									
캉	캉									
탕	탕									
팡	팡									
항	항									
가	방									
상	장									
차	창									

연습노트 (글자를 써 보세요)

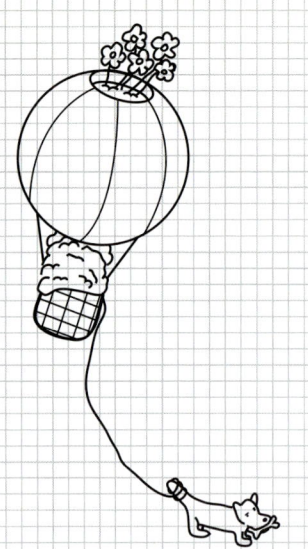

기초편

3단계

모음 (얘 ~ 웨)

자음 (ㄲ ~ ㅉ)

받침 (ㄲ ~ ㅆ)

3단계 ▶ 모음

얘 예 왜 웨

이 모음은 기본모음에 다른 모음이 결합된 모음입니다.

◆ 모음과 모음을 결합하여 새로운 모음을 만들어 봅시다.

얘	야 + 이 → **얘**
예	여 + 이 → **예**
왜	와 + 이 → **왜**
웨	워 + 이 → **웨**

◆ 소리 내어 읽어 봅시다.

'얘'는 '예'보다 입을 더 크게 벌리어 발음합니다.
그러나 사실상 발음에 큰 차이가 없고, 사람들도 큰 차이 없이 발음하기 때문에 표기할 때 주의해야 합니다.

▶ **모음** ▶▶▶▶ 새로운 글자를 만들어 봅시다.  단계 **3**

✿ 자음과 모음을 결합하여 새로운 글자를 만들어 봅시다.

자음＼모음	애	에	왜	웨
ㄱ	개	게	괘	궤
ㄴ	내	네	놰	눼
ㄷ	대	데	돼	뒈
ㄹ	래	레	뢔	뤠
ㅁ	매	메	뫠	뭬
ㅂ	배	베	봬	붸
ㅅ	새	세	쇄	쉐
ㅇ	애	예	왜	웨
ㅈ	재	제	좨	줴
ㅊ	채	체	쵀	췌
ㅋ	캐	케	쾌	퀘
ㅌ	태	테	퇘	퉤
ㅍ	패	페	퐤	풰
ㅎ	해	혜	홰	훼

 여기서 잠깐!

국어는 성절음이 '모음'으로, 모음이 있다면 하나의 음절을 만들 수 있는 언어입니다. 따라서 '모음'을 기준으로 자음을 더해 음절을 만들 수 있습니다. 그러나 단어로 사용하지 않는 음절이 있을 수 있습니다. 즉, 음절 성립 여부와 사용하는 단어에는 차이가 있을 수 있다는 말입니다. '뫠'나 '붸, 곙' 같은 글자는 만들 수는 있지만, 우리가 단어로 자주 사용하지 않기 때문에 본 적이 없다고 생각할 수 있습니다. 참고로 '몌'는 '단몌(短袂)', '분몌(分袂)', '양몌(揚袂)' 등의 단어에 쓰이고 있으며, '붸'는 '비트적거리다'의 옛말 '붸다'와 '베다'의 옛말 '붸다'가 있습니다.

고시월 한글 교육원 | 81

연습 해 봅시다.

빈 칸에 들어갈 모음을 쓰세요.

① 워 + ☐ ⇒ 웨

② 여 + ☐ ⇒ 예

③ ☐ + 이 ⇒ 왜

④ 야 + ☐ ⇒ 얘

⑤ ☐ + 이 ⇒ 웨

⑥ 여 + ☐ ⇒ 예

⑦ ☐ + 이 ⇒ 왜

⑧ ☐ + 이 ⇒ 얘

모음

단계 3

애	애										
예	예										
왜	왜										
웨	웨										
걔	걔										
내	내										
대	대										
래	래										
매	매										
배	배										
새	새										
애	애										
재	재										

3단계 ▶ 모음 ▶▶▶▶▶▶▶ 바르게 써 봅시다.

채	채										
캐	캐										
태	태										
패	패										
해	해										
계	계										
녜	녜										
뎨	뎨										
례	례										
몌	몌										
볘	볘										
셰	셰										
예	예										

모음 바르게 써 봅시다. 단계 3

계	계								
체	체								
켸	켸								
톄	톄								
폐	폐								
혜	혜								
괘	괘								
놰	놰								
돼	돼								
뢔	뢔								
뫠	뫠								
봬	봬								
쇄	쇄								

3단계　▶ 모음　▶▶▶▶▶▶▶　바르게 써 봅시다.

왜	왜											
좨	좨											
쵀	쵀											
쾌	쾌											
퇘	퇘											
퐤	퐤											
홰	홰											
궤	궤											
눼	눼											
뒈	뒈											
뤠	뤠											
뭬	뭬											
붸	붸											

모음 ▶▶▶▶▶▶▶ 바르게 써 봅시다.

단계 3

쉐	쉐								
웨	웨								
줴	줴								
췌	췌								
퀘	퀘								
퉤	퉤								
풰	풰								
훼	훼								

연습노트 (글자를 써 보세요)

3단계 ▶ 모음

ㄲ 쌍기역	ㄸ 쌍디귿	ㅃ 쌍비읍
ㅆ 쌍시옷	ㅉ 쌍지읒	

목에 힘이 많이 들어가는 소리입니다.

여기서 잠깐!

소리의 강·약에 따라 다음과 같이 나눕니다.
① 예사소리 : ㄱ ㄴ ㄷ ㄹ ㅁ ㅂ ㅅ ㅇ ㅈ ㅎ **약**
② 거센소리 : ㅊ ㅋ ㅌ ㅍ **중**
③ 된소리 : ㄲ ㄸ ㅃ ㅆ ㅉ **강**

◆ 자음과 모음을 결합하여 새로운 글자를 만들어 봅시다.

모음＼자음	ㄲ	ㄸ	ㅃ	ㅆ	ㅉ
아	까	따	빠	싸	짜
야	꺄	땨	빠	쌰	쨔
어	꺼	떠	뻐	써	쩌
여	껴	뗘	뼈	쎠	쪄

88 | 한글과 한판승 1탄

모음

소리 내어 읽어 봅시다. 단계 3

자음 모음	ㄲ	ㄸ	ㅃ	ㅆ	ㅉ
오	꼬	또	뽀	쏘	쪼
요	꾜	뚀	뾰	쑈	쬬
우	꾸	뚜	뿌	쑤	쭈
유	뀨	뜌	쀼	쓔	쮸
으	끄	뜨	쁘	쓰	쯔
이	끼	띠	삐	씨	찌
의	끠	띄	쁴	씌	쯰
애	깨	때	빼	쌔	째
에	께	떼	뻬	쎄	쩨
외	꾀	뙤	뾔	쐬	쬐
위	뀌	뛰	쀠	쒸	쮜
와	꽈	똬	뽜	쏴	쫘
워	꿔	뚸	뿨	쒀	쭤
얘	꺠	떄	뺴	썌	쨰
예	꼐	뗴	뼤	쎼	쪠
왜	꽤	뙈	뽸	쐐	쫴
웨	꿰	뛔	쀄	쒜	쮀

3 단계 ▶ 자음 ▶▶▶▶▶▶ 단어를 만들어 봅시다.

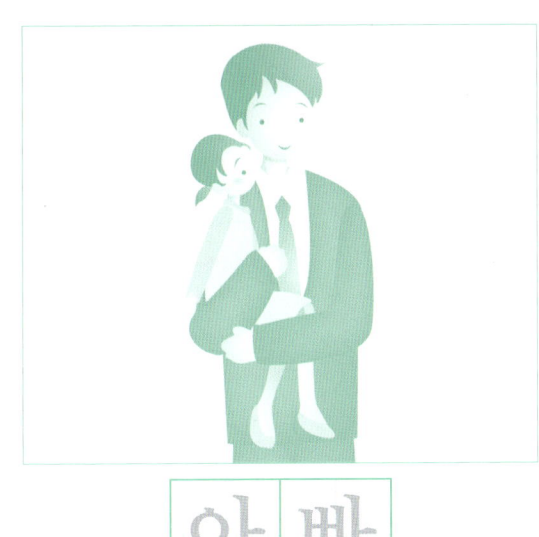

아빠

뽀뽀

📔 연습노트 (글자를 써 보세요)

연습 해 봅시다.

1 괄호 안에 명칭을 써 넣으세요.

| ㄲ | ㄸ | ㅃ | ㅆ | ㅉ |

( ) ( ) ( ) ( ) ( )

2 <보기>의 자음을 소리별로 나누고, 해당되는 소리의 세기에 표시하세요.

보기

ㄱ ㄴ ㄷ ㄹ ㅁ ㅂ
ㅅ ㅇ ㅈ ㅊ ㅋ ㅌ
ㅍ ㅎ ㄲ ㄸ ㅃ ㅆ ㅉ

① 예사소리 ⇨

(강, 중, 약)

② 거센소리 ⇨

(강, 중, 약)

③ 된소리 ⇨

(강, 중, 약)

연습 해 봅시다.

3 자음과 모음을 결합하여 표를 완성하세요.

모음 자음	애	예	왜	웨
ㄲ				
ㄸ				
ㅃ				
ㅆ				
ㅉ				

자음 바르게 써 봅시다. 단계 3

ㄲ	ㄲ								
ㄸ	ㄸ								
ㅃ	ㅃ								
ㅆ	ㅆ								
ㅉ	ㅉ								
까	까								
따	따								
빠	빠								
싸	싸								
짜	짜								
까	까								
따	따								
빠	빠								

고시월 한글 교육원

3단계 자음 ▶▶▶▶▶▶▶ 바르게 써 봅시다.

싸	싸								
짜	짜								
꺼	꺼								
떠	떠								
뻐	뻐								
써	써								
쩌	쩌								
껴	껴								
뗘	뗘								
뼈	뼈								
쎠	쎠								
쪄	쪄								
꼬	꼬								

자음 ▶▶▶▶▶▶▶▶ 바르게 써 봅시다. 　단계 3

또	또										
뽀	뽀										
쏘	쏘										
쪼	쪼										
꾜	꾜										
뚀	뚀										
뾰	뾰										
쑈	쑈										
쬬	쬬										
꾸	꾸										
뚜	뚜										
뿌	뿌										
쑤	쑤										

고시월 한글 교육원 | 95

3단계 ▶ 자음 ▶▶▶▶▶▶▶▶ 바르게 써 봅시다.

쭈	쭈								
뀨	뀨								
뜌	뜌								
뿌	뿌								
쓔	쓔								
쮸	쮸								
끄	끄								
뜨	뜨								
쁘	쁘								
쓰	쓰								
쯔	쯔								
끼	끼								
띠	띠								

자음 ▶▶▶▶▶▶▶▶ 바르게 써 봅시다. 단계 3

삐	삐									
씨	씨									
찌	찌									
끼	끼									
띠	띠									
삐	삐									
씌	씌									
쯰	쯰									
깨	깨									
때	때									
빼	빼									
쌔	쌔									
째	째									

고시월 한글 교육원

3단계 ▶ 자음 ▶▶▶▶▶▶▶▶ 바르게 써 봅시다.

께 께
떼 떼
뻬 뻬
쎄 쎄
쩨 쩨
꾀 꾀
띄 띄
뾔 뾔
쐬 쐬
쬐 쬐
뀌 뀌
뛰 뛰
쀠 쀠

자음 ▶▶▶▶▶▶▶ 바르게 써 봅시다.

단계 3

쒸	쒸											
쮜	쮜											
꽈	꽈											
따	따											
뺘	뺘											
쏴	쏴											
쫘	쫘											
꿔	꿔											
뚸	뚸											
뿨	뿨											
쒀	쒀											
쭤	쭤											
깨	깨											

고시월 한글 교육원

3 단계

▶ 자음 ▶▶▶▶▶▶▶  바르게 써 봅시다.

때	때									
빼	빼									
쌔	쌔									
째	째									
꼐	꼐									
뗴	뗴									
뻬	뻬									
쎼	쎼									
쩨	쩨									
꽤	꽤									
뙈	뙈									
뻬	뻬									
쐐	쐐									

100 | 한글과 한판승 1탄

▶ 자음 ▶▶▶▶▶▶▶▶ 바르게 써 봅시다. 단계 3

쫴	쫴									
꿰	꿰									
뛔	뛔									
뺴	뺴									
쒜	쒜									
쮀	쮀									
아	빠									
뽀	뽀									

연습노트 (글자를 써 보세요)

연습노트 (글자를 써 보세요)

▶ 받침

단계 3

ㄲ 쌍기역   ㅆ 쌍시옷

◆ 낱자와 받침을 결합하여 새로운 글자를 만들어 봅시다.

	가	나	다	라	마	바	사	아	자	차	카	타	파	하
ㄲ	갂	낚	닦	띾	맊	밖	삭	앆	잒	찪	캄	탂	팎	핚
ㅆ	갔	났	닸	랐	맜	밨	샀	앗	잤	찼	캤	탔	팠	핬

◆ 소리 내어 읽어 봅시다.

'ㄲ ㅆ'은 받침으로 쓸일 때 'ㄱ, ㄷ'으로 소리가 납니다.

갂 → [각]
갔 → [갇]
낚 → [낙]
났 → [낟]

연습 해 봅시다.

1 쌍받침 2가지가 무엇인지 쓰고, 각각의 명칭을 괄호 안에 쓰시오.

① ☐   (명칭 :   )

② ☐   (명칭 :   )

2 2개의 쌍받침이 어떤 자음으로 소리 나는지 각각 쓰세요.

① ☐ ⇨ (   )

② ☐ ⇨ (   )

3 낱자와 받침을 결합하여 표를 채우세요.

	아	어	오	우	으	이
ㄲ						
ㅆ						

한글과 한판승 1탄

받침 ▶▶▶▶▶▶▶▶ 바르게 써 봅시다.   단계 3

갂 갂
났 났
닭 닭
랲 랲
먒 먒
밖 밖
샀 샀
앆 앆
쟜 쟜
챂 챂
캀 캀
탒 탒
퍖 퍖

3단계 ▶ 받침 ▶▶▶▶▶▶▶▶ 바르게 써 봅시다.

휬	휬									
갔	갔									
났	났									
닸	닸									
랐	랐									
맜	맜									
봤	봤									
샀	샀									
앉	앉									
잤	잤									
찾	찾									
캈	캈									
탔	탔									

106 | 한글과 한판승 1탄

받침 바르게 써 봅시다. 단계 3

| 팠 | 팠 | | | | | | | | | |
| 했 | 했 | | | | | | | | | |

연습노트 (글자를 써 보세요)

3단계 ▶ 받침 ▶▶▶▶▶▶ 더 자세히 알아봅시다 ▶

겹받침

1 겹받침이 말 끝 혹은 자음자 앞에 오는 경우
  : 겹받침 중 하나의 자음이 발음된다.

(1) 첫째 받침이 소리 나는 경우

❶ ㄳ → [ㄱ]

예	몫 → [목]	내 몫보다 많다.
	삯도 → [삭또]	삯도 생각보다 적다.

❷ ㄵ ㄶ → [ㄴ]

예	얹다 → [언따]	선반에 그릇을 얹다.
	앉다 → [안따]	의자에 앉다.

❸ ㅄ → [ㅂ]

예	값 → [갑]	그 값보다 못하다.
	없다 → [업따]	그 가게에는 물건이 별로 없다.

❹ ㄼ ㄽ ㄾ ㅀ → [ㄹ]

예	넓다 → [널따]	집이 생각보다 넓다.
	외곬 → [외골]	외곬보다 낫다.
	핥다 → [할따]	수박 겉을 핥다.
	옳다 → [올타]	그 말이 옳다.

받침 ▶▶▶▶▶▶ 더 자세히 알아봅시다 🔍 단계 3

(2) 둘째 받침이 소리 나는 경우
ㄺ, ㄻ, ㄿ은 어말이나 자음 앞에서 둘째 자음이 발음된다.

❶ ㄺ → [ㄱ]

예 맑다 → [막따]   오늘은 날씨가 맑다.
　 읽다 → [익따]   책을 읽다.

❷ ㄻ → [ㅁ]

예 삶 → [삼]   삶보다 무엇이 소중한가?
　 젊다 → [점따]   그 사람은 생각보다 젊다.

❸ ㄿ → [ㅂ]

예 읊다 → [읍따]   시를 읊다.

여기서 잠깐!

단, ㄺ은 ㄱ앞에서 [ㄹ]로 발음
예 맑고 → [말꼬] 날씨도 맑고, 기분도 좋다.
　 읽고 → [일꼬] 책을 읽고 있다.

(3) ㄼ은 어말이나 자음 앞에서 첫째 자음으로 발음하되,

여기서 잠깐!

밟~은 자음 앞에서는 [밥]으로 소리 난다.
예 밟다 → [밥따]
넓~의 예외발음 → 넓죽하다[넙쭈카다]
　　　　　　　　　　넓둥글다[넙뚱글다]

예) 넓다[널따], 섧다[설따]

3단계 ▶ 받침 ▶▶▶▶▶▶ 더 자세히 알아봅시다 ▶

2 겹받침 뒤에 모음자가 오는 경우
: 겹받침의 자음을 뒤의 모음자에 이어서 발음한다.

예
얹으니 → [언즈니]
그 위에 과일을 얹으니 무척 맛있다.
닮아서 → [달마서]
그와 그녀는 닮아서 가족으로 오해를 받는다.
몫이 → [목씨]
그건 내 몫이야.
없으니 → [업쓰니]
그가 없으니 허전하다.

여기서 잠깐!

ㄳ ㄵ ㅄ이 모음자에 이어질 때 ㅅ은 [ㅆ]로 발음

연습 해 봅시다.

겹받침이 있는 낱말을 발음대로 써 보세요.

① 넋 ⇨ 　　　　　　　⑪ 닭 ⇨

② 넋과 ⇨ 　　　　　　　⑫ 맑다 ⇨

③ 여덟 ⇨ 　　　　　　　⑬ 맑게 ⇨

④ 넓다 ⇨ 　　　　　　　⑭ 늙지 ⇨

⑤ 넓죽하다 ⇨ 　　　　　⑮ 읊고 ⇨

⑥ 넓둥글다 ⇨ 　　　　　⑯ 밟으니 ⇨

⑦ 밟다 ⇨ 　　　　　　　⑰ 앉아서 ⇨

⑧ 밟지 ⇨ 　　　　　　　⑱ 없어 ⇨

⑨ 밟는 ⇨ 　　　　　　　⑲ 외곬으로 ⇨

⑩ 밟고 ⇨ 　　　　　　　⑳ 닮은 ⇨

기초편 마무리 연습문제

1 한글의 자음과 모음은 각각 몇 개인가요?

① 자음 ⇨ _____ 개

② 모음 ⇨ _____ 개

2 한글 자음과 모음을 모두 쓰고, 그 명칭을 각각 쓰세요.

① 자음 ⇨

② 모음 ⇨

3 음절의 끝소리 규칙을 바탕으로 소리 나는 대로 괄호 안에 넣으세요.

악[　]	안[　]	앋[　]	알[　]
암[　]	압[　]	앗[　]	앙[　]
앚[　]	앛[　]	앜[　]	앝[　]
앞[　]	앟[　]	윾[　]	았[　]

4 다음 빈 칸에 알맞은 모음을 각각 넣으세요.

야	이 + ( )
여	이 + ( )
요	( ) + 오
유	( ) + 우
의	이 + ( )
애	아 + ( )
에	( ) + 이
외	( ) + 이
위	우 + ( )
와	오 + ( )
워	우 + ( )
얘	야 + ( )
예	( ) + 이
왜	와 + ( )
웨	워 + ( )

기초편 마무리 연습문제

5 다음 표에 낱자와 받침을 결합하여 만든 글자를 넣어 보고, 그 아래 괄호 안에 소리 나는 대로 써 보세요.

	가	나	다	라	마	바	사
ㅅ							
	[ ]	[ ]	[ ]	[ ]	[ ]	[ ]	[ ]
ㅈ							
	[ ]	[ ]	[ ]	[ ]	[ ]	[ ]	[ ]
ㅊ							
	[ ]	[ ]	[ ]	[ ]	[ ]	[ ]	[ ]
ㅋ							
	[ ]	[ ]	[ ]	[ ]	[ ]	[ ]	[ ]
ㅌ							
	[ ]	[ ]	[ ]	[ ]	[ ]	[ ]	[ ]
ㅍ							
	[ ]	[ ]	[ ]	[ ]	[ ]	[ ]	[ ]
ㅎ							
	[ ]	[ ]	[ ]	[ ]	[ ]	[ ]	[ ]

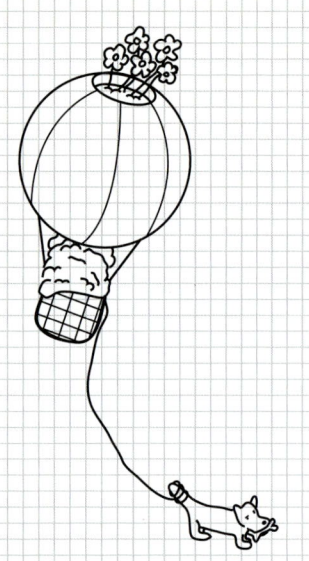

쓰기편

요일
계절
가족관계
의성어
의태어
속담
실생활용 문장

때맞춰 면학에 힘써라. 세월은 사람을 기다리지 않는다.

-도잠-

▶ 요일 ▸▸▸▸▸▸▸ 요일을 써 봅시다. **쓰기**편

일	요	일							
월	요	일							
화	요	일							
수	요	일							
목	요	일							
금	요	일							
토	요	일							

연습노트 (글자를 써 보세요)

고시월 한글 교육원

쓰기편

▶ **계절, 가족관계** ▶▶▶▶ 계절을 써 봅시다.

| 봄 | | | | | | | | | | | |

| 여름 | | | | | | | | | | |

| 가을 | | | | | | | | | | |

| 겨울 | | | | | | | | | | |

연습노트 (글자를 써 보세요)

▶ **계절,가족관계** ▶▶ 가족관계를 써 봅시다.   쓰기편

아	버	지									

어	머	니									

부	모	님									

형											

오	빠										

언	니										

고시월 한글 교육원

쓰기편

▶ **계절, 가족관계** ▶▶ 가족관계를 써 봅시다.

누나									

동생									

할	아	버	지						

할	머	니							

연습노트 (글자를 써 보세요)

의성어 ▶▶▶▶ 의성어를 공부 해 봅시다.

쓰기편

의성어란, 소리를 흉내 낸 말을 가리킵니다.

▼병아리가 우는 소리

삐	약	삐	약						

▼기차가 연기를 뿜으면서 달리는 소리

칙	칙	폭	폭						

▼개구리가 잇따라 우는 소리

개	굴	개	굴						

▼적은 양의 액체나 음식 따위가 목구멍으로 한꺼번에 자꾸 넘어가는 소리

꼴	깍	꼴	깍						

▼개가 아프거나 무서워서 간신히 자꾸 지르는 모양

끼	깅	끼	깅						

고시윌 한글 교육원

쓰기편 ▶ 의태어 ▶▶▶▶ 의태어를 공부 해 봅시다.

의태어란, 사물의 모양이나 움직임을 흉내 낸 말을 가리킵니다.

▼키가 작은 사람이나 짐승이 찬찬히 걷는 모양

아	장	아	장						

▼큰 동작으로 느리게 걷거나 기는 모양

엉	금	엉	금						

▼짧은 다리를 모으고 자꾸 힘 있게 솟구쳐 뛰는 모양

깡	충	깡	충						

▼크고 묵직한 물체나 몸이 중심을 잃고 가볍게 이리저리 기울어지며 자꾸 흔들리는 모양

뒤	뚱	뒤	뚱						

▼물 따위가 자꾸 큰 물결을 이루며 흔들리는 모양

출	렁	출	렁						

속담 ▶▶▶▶▶ 속담을 공부 해 봅시다.

쓰기편

속담이란, 예로부터 민간에 전해 내려오는 이야기를 말합니다.

1. 뜻 : 값이 싼 데는 이유가 있다.

| 싼 | | 게 | | 비 | 지 | 떡 | 이 | 다. | |

2. 뜻 : 어릴 때의 습관은 고치기 힘들다.

| 세 | | 살 | | 버 | 릇 | | 여 | 든 | 까 | 지 |
| 간 | 다. |

쓰기편 ▶ 속담 ▶▶▶▶▶ 속담을 공부 해 봅시다.

▲3 뜻 : 항상 말을 조심해야 한다.

| 낮 | 말 | 은 | | 새 | 가 | | 듣 | 고 | | 밤 | 말 |
| 은 | | 쥐 | 가 | | 듣 | 는 | 다 | . | | | |

▲4 뜻 : 윗사람이 모범을 보여야 한다.

| 윗 | 물 | 이 | | 맑 | 아 | 야 | | 아 | 랫 | 물 | 이 |
| 맑 | 다 | . | | | | | | | | | |

속담 ▶▶▶▶▶ 속담을 공부 해 봅시다. 쓰기편

5 뜻 : 우연히 갔다가 공교로운 일을 만났을 때 이르는 말

| 가 | 는 | | 날 | 이 | | 장 | 날 | 이 | 다. | |

6 뜻 : 뜻밖에 당하는 재앙을 이르는 말

| 마 | 른 | 하 | 늘 | 에 | | 날 | 벼 | 락 | | |

쓰기편 ▶ 속담 ▶▶▶▶▶ 속담을 공부 해 봅시다.

7 뜻 : 작은 도둑이라도 진작 그것을 고치지 않으면 장차 큰 도둑이 된다.

| 바 | 늘 | | 도 | 둑 | 이 | | 소 | | 도 | 둑 | |
| 된 | 다 | . | | | | | | | | | |

8 뜻 : 으레 따르게 되어 있는 두 사람이나 사물의 밀접한 관계를 이름.

| 바 | 늘 | | 가 | 는 | | 데 | | 실 | | 간 | 다 |
| . | | | | | | | | | | | |

실생활 ▶ 실생활에 자주 사용하는 문장을 공부 해 봅시다.

쓰기편

1 안녕하세요.

2 감사합니다.

3 수고하세요.

4 안녕히 주무세요.

쓰기편 ▶ 실생활 ▶ 실생활에 자주 사용하는 문장을 공부 해 봅시다.

⑤
| 감 | 기 | | 조 | 심 | 하 | 세 | 요 | . | | |

⑥
| 맛 | 있 | 게 | | | 먹 | 겠 | 습 | 니 | 다 | . |

⑦
| 책 | 을 | | 읽 | 고 | | 있 | 습 | 니 | 다 | . |

실생활

실생활에 자주 사용하는 문장을 공부 해 봅시다.

쓰기편

⑧ 몇 시입니까?

⑨ 3시 30분입니다.

⑩ 오늘은 몇 월 며칠입니까?

쓰기편 ▶ 실생활 ▶ 실생활에 자주 사용하는 문장을 공부 해 봅시다.

1. 3월 14일입니다.

2. 무슨 요일인가요?

3. 수요일입니다.

실생활 ▶ 실생활에 자주 사용하는 문장을 공부 해 봅시다. 쓰기편

14. 텔레비전을 봅니다.

15. 가족은 다섯 입니다.

쓰기편 ▶ 실생활 ▶ 실생활에 자주 사용하는 문장을 공부 해 봅시다.

16.

| 어 | 제 | | 친 | 구 | 와 | | 같 | 이 | | 등 | 산 |
| 을 | | 했 | 습 | 니 | 다 | . | | | | | |

17.

| 봄 | , | | 여 | 름 | , | | 가 | 을 | , | | 겨 |
| 울 | | 사 | 계 | 절 | 이 | | 있 | 습 | 니 | 다 | . |

실생활 ▶ 실생활에 자주 사용하는 문장을 공부 해 봅시다. | 쓰기편

18

오른쪽으로 가십시오.

19

이 빵은 얼마입니까?

쓰기편

▶ **실생활** ▶ 실생활에 자주 사용하는 문장을 공부 해 봅시다.

20

| 맙 | 소 | 사 | ! | | 큰 | 일 | 이 | 군 | 요 | . | |

연습노트 (글자를 써 보세요)

연습 해 봅시다.

1 다음 제시된 뜻에 맞는 의성어나 의태어를 빈 칸에 넣으세요.

① 기차가 연기를 뿜으면서 달리는 소리

⇨

② 병아리가 우는 소리

⇨

③ 짧은 다리를 모으고 자꾸 힘 있게 솟구쳐 뛰는 모양

⇨

④ 적은 양의 액체나 음식 따위가 목구멍으로 한꺼번에 자꾸 넘어가는 소리

⇨

⑤ 키가 작은 사람이나 짐승이 찬찬히 걷는 모양

⇨

2 빈 칸에 알맞은 요일을 넣으세요.

| 일요일 | - | 월요일 | - | 화요일 | - | 수요일 |

| | - | 금요일 | - | 토요일 |

연습 해 봅시다.

3 제시된 뜻에 맞는 속담을 띄어쓰기에 맞게 넣으세요.

△1 값이 싼 데는 이유가 있다.

△2 어릴 때의 습관은 고치기 힘들다.

연습노트 (글자를 써 보세요)

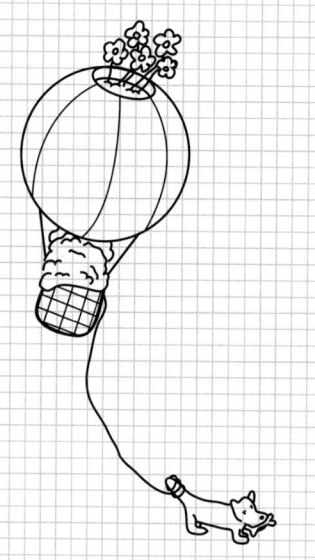

문법편

문장부호

띄어쓰기

접속어

구개음화

자음동화

"배우고 때때로 익히면, 또한 즐겁지 아니한가?

-공자-

문장부호

문법편

1 온점(.)

① 서술, 명령, 청유 등을 나타내는 문장의 끝에 씁니다. 단, 표제어에는 쓰지 않습니다.

② 아라비아 숫자만으로 연월일을 표시할 때에 적습니다.

③ 표시 문자 다음에 씁니다.

④ 준말을 나타내는 데 씁니다.

① 예 공부를 열심히 합시다.

② 예 2011. 1. 7

③ 예 1. 문장부호

④ 예 서. 1984. 1. 24

2 물음표(?)

의심이나 물음을 나타냅니다.

예 한글공부 열심히 하고 있나요?

3 느낌표(!)

감탄, 부르짖음, 명령 등 강한 느낌을 나타냅니다.

① 느낌을 힘차게 나타내기 위해 감탄사 다음에 씁니다.

② 강한 명령문 또는 청유문에 씁니다.

③ 감정을 넣어 다른 사람을 부르거나 대답할 때 씁니다.

④ 물음의 말로써 놀람이나 항의의 뜻을 나타내는 경우에 씁니다.

① 예 앗!

② 예 지금 당장 대답해!!

④ 예 혜영아!!

④ 예 이게 누구야!
　　　내가 왜 나빠!

문법편 ▶ 문장부호

④ 반점(,)
문장 안에서 짧은 휴지를 나타냅니다.

① 같은 자격의 어구가 열거될 때 씁니다.

② 짝을 지어 구분할 필요가 있을 때 씁니다.

③ 대등하거나 종속적인 절이 이어질 때 절 사이에 씁니다.

④ 부르는 말이나 대답하는 말 뒤에 씁니다.

⑤ 제시어 다음에 씁니다.

⑥ 도치된 문장에 씁니다.

⑦ 가벼운 감탄을 나타내는 말 뒤에 씁니다.

⑧ 문장 첫머리의 접속이나 연결을 나타내는 말 다음에 씁니다. 다만 일반적으로 쓰이는 접속어(그러나, 그리고 등)에는 쓰지 않는 것을 원칙으로 합니다.

⑨ 문맥상 끊어 읽어야 할 곳에 씁니다.

⑩ 숫자를 나열할 때 씁니다.

① 예 근면, 검소, 협동은 우리 겨레의 미덕이다.

② 예 닭과 지네, 개와 고양이는 상극이다.

③ 예 콩 심은 데 콩 나고, 팥 심은 데 팥 난다.

④ 예 얘야, 이리 오너라.

⑤ 예 돈, 돈이 인생의 전부이더냐?

⑥ 예 이리 오세요, 아버님.

⑦ 예 아, 깜빡 잊었어.

⑧ 예 첫째, 건강이 최고다.

⑨ 예 갑돌이가 울면서, 떠나는 갑순이를 배웅하였다.

⑩ 예 1, 2, 3, 4

문장부호

문법편

5 가운뎃점(·)
열거된 여러 단위가 대등하거나 밀접한 관임을 나타냅니다.

① 쉼표로 열거된 어구가 다시 여러 단위로 나누어질 때 씁니다.

① 예 승철·순옥, 경무·혜진이가 서로 짝이 되어 달리기를 했다.

② 특정한 의미를 가지는 날을 나타내는 숫자에 씁니다.

② 예 3·1운동

③ 같은 계열의 단어 사이에 씁니다.

③ 예 제주도 방언의 조사·연구

6 쌍점(:)

① 내포되는 종류를 둘 적에 씁니다.

① 예 문장부호 : 온점, 반점, 느낌표 등

② 소표제 뒤에 간단한 설명이 붙을 때 씁니다.

② 예 일시 : 2011년 12월 31일

③ 시와 분, 둘 이상을 대비할 때 씁니다.

③ 예 11:00, 45:55

문법편 ▶ 문장부호

7 큰 따옴표(" ")
대화, 인용, 특별 어구 따위를 나타냅니다.

① 글 가운데서 직접 대화를 나타낼 때 씁니다.

① 예 "전기가 없었던 때는 어떻게 책을 보았을까?"
"그야 등잔불을 켜고 보았겠지?"

② 남의 말을 인용할 때 씁니다.

② 예 "사람은 사회적 동물이다."라고 말한 학자가 있다.

8 작은 따옴표(' ')

① 따온 말 가운데 다시 따온 말이 들어 있을 때 씁니다.

① 예 "여러분! 침착해야 합니다. '하늘이 무너져도 솟아날 구멍이 있다.'고 합니다."

② 마음속으로 한 말을 적을 때 씁니다.

② 예 '만약 내가 이런 모습으로 돌아간다면 모두들 깜짝 놀라겠지?'

9 줄임표(…….)

① 할 말을 줄였을 때 씁니다.

① 예 "어디 나하고 한번 …….."

② 말이 없음을 나타낼 때 씁니다.

② 예 "빨리 말해!" "……."

연습문제 | 문장부호

알맞은 문장부호를 □안에 넣으세요.

1. 젊은이는 나라의 기둥이다 □

2. 집으로 돌아가자 □

3. 황금 보기를 돌같이 하라 □

4. 1 9 1 9 □ 3 1 □

5. 이름이 뭐지 □

6. 남북통일이 되면 얼마나 좋을까 □

7. 제가 감히 거역할 리가 있습니까 □

연습문제 | 문장부호

8.
그때□ 등불을 든 장님이 걸어오고 있었습니다□

9.
바람□ 대지□ 물□ 그리고 태양

10.
날짜□ 2011□ 8□ 10

11.
□주말에는 무엇을 하면서 지내나요□

12.
□가족들과 운동을 해요□

13.
□내가 그런 행동을 한다면 사람들은 어떻게 생각할까□

띄어쓰기

문법편

1 조사는 그 앞말에 붙여 씁니다. 조사는 독립성이 없기 때문에 다른 단어 뒤에 종속적인 관계로 존재합니다.

예 꽃이, 꽃은, 꽃마저, 꽃밖에, 꽃에서부터, 꽃이다, 꽃입니다

2 의존 명사는 띄어 씁니다.

예
① 아는 것이 힘이다.
② 나도 할 수 있어.
③ 먹을 만큼 먹어라.
④ 아는 이를 만났다.
⑤ 내가 원하는 바를 알겠다.
⑥ 그가 떠난 지 오래다.

3 단위를 나타내는 명사는 띄어 씁니다.

예 한 개, 차 한 대, 금 서 돈, 소 한 마리, 옷 한 벌, 열 살, 연필 한 자루, 집 한 채, 신 두 켤레

4 수를 적을 적에는 '만(萬)' 단위로 띄어 씁니다.

예 십이억 삼천사백오십오만 육천칠백구십팔
12억 3455만 6798

⑤ 두 말을 이어주거나 열거할 적에 쓰이는 말들은 띄어 씁니다.

예 ① 부장 겸 과장
② 열 내지 스물
③ 청군 대 백군
④ 책상, 의자 등이 있다.
⑤ 이사장 및 이사들

⑥ 단음절로 된 단어가 연이어 나타날 적에는 붙여 쓸 수 있습니다.

예 그때 그곳, 좀더 큰것, 이말 저말, 한잎 두잎

⑦ 성과 이름, 성과 호 등은 붙여 쓰고, 이에 덧붙는 호칭어, 관직명 등은 띄어 씁니다.

예 이혜영 씨, 서화담, 이승철 선생, 오순옥 팀장, 이순신 장군

다만, 성과 이름, 성과 호를 분명히 구분할 필요가 있을 경우에는 띄어 쓸 수 있습니다.

예 남궁억 / 남궁 억

연습문제 | 띄어쓰기

다음 문장들을 띄어쓰기에 맞게 고치세요.

① 하나만알고둘은모른다.
   ⇨

② 키가전봇대만큼크다.
   ⇨

③ 아는대로말해.
   ⇨

④ 어찌할바를모르겠어.
   ⇨

⑤ 아침겸점심
   ⇨

⑥ 책상걸상등이 있다.
   ⇨

⑦ 불이꺼져간다.
   ⇨

⑧ 어머니를도와드린다.
   ⇨

⑨ 숙제를낸사람은나뿐이다.
   ⇨

⑩ 열내지스물
   ⇨

문법편 ▶ 접속어

> 문장에서 성분과 성분
> 또는 문장과 문장을 이어주는 말로,
> **접속사**라고도 합니다.

1 순접 관계 : 그리고, 이와 같이, 그리하여, 이리하여

순접 관계란 앞과 뒤의 문장이 서로 순순히 이어지는 관계를 말합니다.

예 내 동생 혜진이는 마음씨가 곱다. 그리고 명랑하다.

2 역접 관계 : 그러나, 그렇지만, 하지만, 반면에, 그래도

순접 관계와 반대되는 것으로, 앞뒤의 문장이 서로 반대되는 관계를 말합니다.

예 사과는 몸에 좋은 과일이다. 그러나 밤에 먹으면 독이나 다름없다.

3 인과 관계 : 그래서, 그러므로, 따라서, 왜냐하면

앞 문장이 뒤에 나오는 문장의 원인이 되고, 뒤의 문장이 결과가 되게 이어주는 관계를 말합니다.

예 나는 오늘 배탈이 났다. 왜냐하면 유통기한이 지난 우유를 모르고 마셨기 때문이다.

▶ 접속어

4 예시 관계 : 예를 들어, 예컨대, 가령

앞 문장을 설명하기 위해 뒤의 문장에서 예를 들어 설명하는 관계를 말합니다.

예) 옷의 종류에는 여러 가지가 있다. 예를 들어, 티셔츠, 와이셔츠, 치마, 바지, 코트 등등.

5 첨가 관계 : 또, 또한, 게다가, 덧붙여, 더구나, 뿐만 아니라

뒤의 문장에 보충 설명을 덧붙일 때 사용하는 접속어를 말합니다.

예) 한글은 우수하다. 뿐만 아니라 세계적으로 인정받은 우리의 자랑스러운 문자이다.

6 전환 관계 : 그런데, 한편, 그러면, 아무튼, 다음으로, 여기에

뒤의 내용이 앞의 내용과는 다른, 새로운 생각이나 사실을 서술하여 화제를 바꾸며 이어주는 구실을 하는 접속어를 말합니다.

예) 식목일에 나무 심으러 가자. 그런데 어떤 나무를 심을까?

7 대등 관계 : 그리고, 및

앞 내용과 뒤의 내용이 대등하게 이어지는 것을 대등관계라고 합니다.

예) 내가 좋아하는 과일은 딸기, 사과, 메론 그리고 복숭아야.

연습문제 | 문장부호

알맞은 접속어를 괄호 안에 넣으세요.

①

깊은 산 속에 토끼 한 마리가 있었습니다. (   ) 그 토끼는 더 깊은 산 속으로 가고 싶었습니다. (   ) 토끼는 엄마 토끼에게 깊은 산 속으로 들어가도 되는지 물어 보았습니다. (   ) 엄마 토끼는 위험하다며 허락해 주지 않았습니다.

②

왕이 죽어야 새 왕이 탄생합니다. (   ) 태종은 죽기 전에 왕위를 충녕에게 물려주려 했습니다.

③

세종은 홀로 책을 읽을 수 있는 밤 시간을 좋아했습니다. (   ) 밤늦도록 앉아 있는 날이 많았습니다. (   ) 다음 날이면 어김없이 새벽 5시면 일어났습니다.

④

세종은 궁궐 뒤뜰에 땅을 갈아서 조 2홉을 심었습니다. (   ) 책에 적힌 대로 농사를 지었습니다.

⑤

나는 오늘 다리가 아프다. (   ) 오랜 시간 서 있었기 때문이다.

⑥

물은 소중하다. (   ) 물 한 방울도 아껴 써야 한다.

구개음화

> 자음 ㄷ, ㅌ이 모음 ㅣ를 만나 ㅈ, ㅊ으로 바뀌어 소리 나는 음운의 변동현상을 말합니다.

받침	인접 발음	발음	예
ㄷ	+ ㅣ ⇨	ㅈ	해돋이 [해도지] 미닫이 [미다지] 굳이 [구지] 가을걷이 [가을거지]
ㅌ		ㅊ	같이 [가치] 밭이 [바치] 쇠붙이 [쇠부치] 붙이다 [부치다]

연습문제 | 문장부호

다음 문장에서 구개음화 현상이 일어나는 부분을 찾아 적용해 보세요.

① 새해가 올 때 마다 가족들과 함께 해돋이를 보러 간다.
⇨ _____

② 나는 집에서 맏이이다.
⇨ _____

③ 쇠붙이가 뜨거우니 조심하세요.
⇨ _____

④ 굳이 그런 일까지 할 필요 없다.
⇨ _____

⑤ 지난 주말에 동생과 같이 쇼핑을 했다.
⇨ _____

⑥ 이 길의 끝이 어디야?
⇨ _____

자음동화

> 자음과 자음이 만났을 때, 서로 영향을 주고받아 한쪽이나 양쪽 모두 비슷한 소리로 바뀌는 음운의 변동 현상을 말합니다.

받침	인접자음		받침발음	인접자음발음	예
ㄱ ㄷ ㅂ	ㄴ ㅁ	⇨	ㅇ ㄴ ㅁ	ㄴ ㅁ	국물 [궁물] 닫는 [단는] 돕는 [돕는]
ㄱ ㄷ ㅂ	+ ㄹ	⇨	ㅇ ㄴ ㅁ	+ ㄴ	독립 [동닙] 몇 리 [멷리→면니] 십 리 [심니]
ㅁ ㅇ	ㄹ	⇨	ㅁ ㅇ	ㄴ	담력 [담녁] 종로 [종노]

연습문제 | 문장부호

자음동화 현상이 적용되는 부분을 찾아 적용해 보세요.

① 우리에겐 밝은 앞날이 기다리고 있어.
⇨ _____

② 너는 참 맏며느리 감이구나.
⇨ _____

③ 내일은 월급을 받는 날이다.
⇨ _____

④ 나는 매번 친구의 농담에 속는다.
⇨ _____

⑤ 역시 밥을 먹을 땐 국물이 있어야 해.
⇨ _____

⑥ 시골에 왔더니 흙냄새가 매우 좋다.
⇨ _____

⑦ 백로가 아주 예쁘다.
⇨ _____

⑧ 종로까지 얼마나 걸리나요?
⇨ _____

⑨ 신라의 수도는 경주였다.
⇨ _____

⑩ 칼날에 베이지 않도록 조심하세요.
⇨ _____

문법편 마무리 연습문제

1 다음에 제시된 문장들을 띄어쓰기 하고, 문장 부호를 넣어 완성하세요.

① 맛있게잘먹었습니다
 ⇨ _____

② 파란불에건너고빨간불에멈춥니다
 ⇨ _____

③ 저는규칙적인생활을합니다
 ⇨ _____

④ 오늘이무슨요일이죠
 ⇨ _____

⑤ 네감사합니다
 ⇨ _____

⑥ 맙소사사고가났어요
 ⇨ _____

⑦ 너는반드시해낼수있어
 ⇨ _____

⑧ 그와그녀는열살차이이다
 ⇨ _____

⑨ 밤에피리불면뱀나오는데
 ⇨ _____

⑩ 몇대몇이야
 ⇨ _____

문법편 마무리 연습문제

⑪ 우리집강아지는집을잘지킨다
　⇨ _____

⑫ 이사온지얼마나됐어요
　⇨ _____

⑬ 이제는잠잘시간이다
　⇨ _____

⑭ 잘생각해보아라
　⇨ _____

⑮ 넌어떻게생각하니
　⇨ _____

⑯ 그래요다지난일인데어때요
　⇨ _____

⑰ 이일을어떻게하면좋을까요
　⇨ _____

⑱ 걷잡을수없는상태가되었다
　⇨ _____

⑲ 두끼나굶었더니배가고프다
　⇨ _____

⑳ 닭두마리를샀다
　⇨ _____

2 다음 제시된 문장에서 잘못된 글자를 찾아 바르게 고치세요.

① 되지우리에서 되지들이 뛰어 놀고 있어요.
⇨ _____

② 저는 김치찌게를 좋아합니다.
⇨ _____

③ 책상에 앉아서 열심히 공부합니다.
⇨ _____

④ 강아지를 않고 산책을 합니다.
⇨ _____

⑤ 제 꿈은 유명한 사람이 돼는 것입니다.
⇨ _____

⑥ 가족들과 함께 뚝빼기를 먹으러 갔는데 깍뚜기가 참 맛있었습니다.
⇨ _____

⑦ 내일 꼭 갈께.
⇨ _____

⑧ 넌 뭐 먹고 싶어? 난 짜장면 곱배기.
⇨ _____

⑨ 오늘은 오랜만에 가족들과 왜식을 할 거예요.
⇨ _____

⑩ 나무젓가락 사용을 줄입시다.
⇨ _____

문법편 마무리 연습문제

⑪ 밥은 숫가락을 사용해서 드세요.
　⇨ _____

⑫ 그 세탁소는 마춤 전문이야.
　⇨ _____

⑬ 누가 나를 해꼬지 하려든다.
　⇨ _____

⑭ 화가 나서 종이를 갈갈이 찢었다.
　⇨ _____

⑮ 칼로 반듯하게 사과를 깍았다.
　⇨ _____

⑯ 선생님께 깎듯하게 90도로 인사를 했다.
　⇨ _____

⑰ 두 살박이 아기가 무척 귀엽다.
　⇨ _____

⑱ 저 멀리 산봉오리가 보이네.
　⇨ _____

⑲ 엄마께서 와이셔츠를 달이고 계신다.
　⇨ _____

⑳ 딱다구리가 나무에 구멍을 냈다.
　⇨ _____

총정리 연습문제

1 친구에게 초대장을 썼어요. 맞춤법에 어긋난 부분을 바르게 고치세요.

경미에게

이번주 토요일이 내 생일이야.

친구들과 함께 생일잔치를 열려고 해.

내가 와 준다면 더 즐거울꺼야.

꼭 와 주길 바랄께.

일시 . 2021년 02월 10일 오후 2시

장소 . 우리 집

2021년 01월 25일

혜영 씀

총정리 연습문제

2 다음은 '혹부리 영감'이라는 동화입니다. 소리 내어 바르게 읽어 보고, 맞춤법이 잘못된 부분을 고쳐보세요. 그리고 괄호 안에는 알맞은 접속어를 넣어보세요.

옛날 어느마을에, 혹부리 영감이 살았습니다. 하루는 산길을 가는데 그만 날이 저물어 산속에 있는 외딴집에서 하루밤을 지내게 돼었습니다.

혼자있기 무서운 혹부리 영감은 큰소리로 노래를 불렀습니다. 그때 어디선가 도깨비들이 나타났습니다.

도깨비들은 혹부리 영감의 노래가 혹에서 나온다고 생각하고, 보물을 줄 테니 혹을 떼어 달라고 했습니다.

혹부리 영감은 혹을 떼어 주고 많은 보물을 어더 집으로 돌아왔습니다. 같은 동네에 사는 욕심쟁이 혹부리 영감이 그 소문을 듣고 그 곳을 찾아가 노래를 불렀습니다. (   ) 도깨비들은 한번 속지 두번 송느냐는 화를 내며 혹을 하나 더 부쳐 주었습니다.

정답 및 해설

배우려고 하는 학생은 부끄러워해서는 안 된다.

-히레르-

기초편

1 단계 /기초편

모음 연습문제　　　8~9쪽

(1) 야 어 오 우 으 의
(2) 여 유 요 야 의
(3) 아이 여유 야유 우유 여우 등등

자음 연습문제　　　16~17쪽

(1) ㄱ ㄹ ㅁ ㅅ

(2)

고	노	도	로
가	나	다	라
거	너	더	러
구	누	두	루
그	느	드	르
기	니	디	리

(3) ①-②, ②-③, ③-①, ④-④,
　　⑤-⑦, ⑥-⑥, ⑦-⑤

받침 연습문제　　　35쪽

(1) ㄱ ㄷ ㅁ ㅂ
　　(기역)(니은)(디귿)(리을)(미음)(비읍)(시옷)

(2)

각	낙	닥	락	막	박	삭
간	난	단	란	만	반	산
갇	낟	닫	랃	맏	받	삳
갈	날	달	랄	말	발	살
감	남	담	람	맘	밤	삼
갑	납	답	랍	맙	밥	삽
갓	낫	닷	랏	맛	밧	삿

2 단계 /기초편

모음 연습문제　　　47쪽

(1) ①이 ②이 ③위 ④오 ⑤와 ⑥어
(2) ① ㄱ, ㅘ, ㅚ
　　② ㅅ, ㅐ, ㅂ, ㅐ

자음 연습문제　　　56쪽

(1) ㄴ ㄹ ㅅ ㅈ ㅊ ㅌ ㅎ
　　(기역)(니은)(디귿)(리을)(미음)(비읍)(시옷)
　　(이응)(지읒)(치읓)(키읔)(티읕)(피읖)(히읗)
(2) ① ㅓ, ㅈ, ㅏ
　　② ㅊ, ㅣ, ㅌ, ㅏ
　　③ ㅜ, ㅈ, ㅜ
(3) ㅎ

받침 연습문제　　　68~69쪽

(1) ㄱ ㄴ ㄷ ㄹ ㅁ ㅂ ㅅ
　　(기역)(니은)(디귿)(리을)(미음)(비읍)(시옷)

(2)

강	간	간	각	간	갑	간
낭	난	난	낙	난	납	낟
당	단	단	닥	단	답	단
랑	란	란	락	란	랍	란
망	만	만	막	만	맙	만
방	반	반	박	반	밥	받
상	산	산	삭	산	삽	산
앙	안	안	악	안	압	안
장	잔	잔	작	잔	잡	잔
창	찬	찬	착	찬	찹	찬
캉	칸	칸	칵	칸	캅	칸
탕	탄	탄	탁	탄	탑	탄
항	한	한	학	한	합	한

(3) 음절의 끝소리 규칙

▶ 정답 기초편

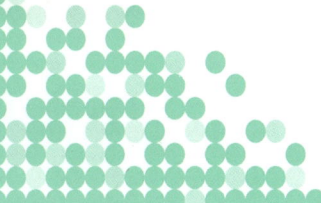

3단계 /기초편

모음 연습문제　　　　82쪽

① 이　② 이　③ 와　④ 이

자음 연습문제　　　　91~92쪽

(1) 쌍기역, 쌍디귿, 쌍비읍, 쌍시옷, 쌍지읒

(2) ① ㄱ ㄴ ㄷ ㄹ ㅁ ㅂ ㅅ ㅇ ㅈ ㅎ, 하
　　② ㅊ ㅋ ㅌ ㅍ, 중
　　③ ㄲ ㄸ ㅃ ㅆ ㅉ, 상

(3)

깨	꺠	꽤	꿰
때	떄	뙈	뛔
빼	뻬	뺴	뻬
쌔	쎄	쐐	쒜
째	쪠	쫴	쮀

받침 연습문제　　　　104쪽

(1) ① ㄲ (쌍기역)　② ㅆ (쌍시옷)

(2) ① ㄲ → [ㄱ]　② ㅆ → [ㄷ]

(3)

까	꺼	꼬	꾸	끄	끼
싸	써	쏘	쑤	쓰	씨

겹받침 연습문제　　　　111쪽

① 넉　⑭ 늑찌　⑧ 밥찌
⑪ 닥　⑤ 넙쭈카다　⑱ 업써
② 넉꽈　⑮ 읍꼬　⑨ 밤는
⑫ 막따　⑥ 넙뚱글다　⑲ 외골쓰로
③ 여덜　⑯ 발브니　⑩ 밥꼬
⑬ 말께　⑦ 밥따　⑳ 달믄
④ 널따　⑰ 안자서

기초편 마무리 연습문제　　　112~114쪽

(1) ① 19개
　　② 21개

(2) ① ㄱ(기역) ㄴ(니은) ㄷ(디귿) ㄹ(리을)
　　　ㅁ(미음) ㅂ(비읍) ㅅ(시옷) ㅇ(이응)
　　　ㅈ(지읒) ㅊ(치읓) ㅋ(키읔) ㅌ(티읕)
　　　ㅍ(피읖) ㅎ(히읗) ㄲ(쌍기역) ㄸ(쌍디귿)
　　　ㅃ(쌍비읍) ㅆ(쌍시옷) ㅉ(쌍지읒)
　　② 아, 야, 어, 여, 오, 요, 우, 유,
　　　으, 이, 의, 애, 에, 외, 위, 와,
　　　워, 얘, 예, 왜, 웨

(3)

악	안	앋	알
암	압	앋	앙
안	앋	악	앋
압	앋	악	앋

(4) 아, 어, 이, 이, 으,
　　이, 어, 오, 이, 아,
　　어, 이, 여, 이, 이

(5)

갓	낫	닷	랏	맛	삿
간	난	단	란	만	반	산
갓	낫	닷	랏	맛	삿
간	난	단	란	만	반	산
갖	낮	닺	랒	맞	샂
간	난	단	란	만	반	산
각	낙	닥	락	막	박	삭
각	낙	닥	락	막	박	삭
같	낱	닽	랕	맡	밭	샅
간	난	단	란	만	반	산
갚	낲	닾	랖	맢	샆
갑	납	답	랍	맙	밥	삽
갛	낳	닿	랗	맣	샇
간	난	단	란	만	반	산

164 | 한글과 한판승 1탄

기초편 ▶ 정답

쓰기편

쓰기편 연습문제   135~136쪽

(1) ① 칙칙폭폭 ② 삐약삐약 ③ 깡충깡충 ④ 꼴깍꼴깍 ⑤ 아장아장   (2) 목요일

(3) ①

| 싼 | | 게 | | 비 | 지 | 떡 | 이 | 다 | . |

②

| 세 | | 살 | | 버 | 릇 | | 여 | 든 | 까 | 지 | | 간 | 다 | . |

문법편

문장부호 연습문제   143~144쪽

① . (온점)
② . (온점)
③ . (온점)
④ . (온점)
⑤ ? (물음표)
⑥ ? (물음표)
⑦ ? (물음표)
⑧ , (반점) . (온점)
⑨ , (각각 반점)
⑩ : (쌍점) . (각각 온점)
⑪ " ? " (큰따옴표, 물음표)
⑫ " . " (큰따옴표, 온점)
⑬ ' ? ' (작은따옴표, 물음표)

띄어쓰기 연습문제   147쪽

① 하나만 알고 둘은 모른다.
② 키가 전봇대만큼 크다.
③ 아는 대로 말해.
④ 어찌할 바를 모르겠어.
⑤ 아침 겸 점심
⑥ 책상, 걸상 등이 있다.
⑦ 불이 꺼져 간다.
⑧ 어머니를 도와 드린다.
⑨ 숙제를 낸 사람은 나뿐이다.
⑩ 열 내지 스물

접속어 연습문제   150쪽

① 그러나, 그래서, 그러나
② 그러나
③ 그래서, 그러나
④ 그리고
⑤ 왜냐하면
⑥ 그러므로

구개음화 연습문제   152쪽

① 해돋이 (해도지)
② 맏이 (마지)
③ 쇠붙이 (쇠부치)
④ 굳이 (구지)
⑤ 같이 (가치)
⑥ 끝이 (끄치)

자음동화 연습문제   154쪽

① 앞날 (암날) ⑥ 흙냄새 (흥냄새)
② 맏며느리 (만며느리) ⑦ 백로 (뱅노)
③ 받는 (반는) ⑧ 종로 (종노)
④ 속는다 (송는다) ⑨ 신라 (실라)
⑤ 국물 (궁물) ⑩ 칼날 (칼랄)

고시월 한글 교육원 | 165

정답 문법편

문법편

문법편 마무리 연습문제 155~158쪽

(1) ① 맛있게 잘 먹었습니다.
② 파란불에 건너고, 빨간불에 멈춥니다.
③ 저는 규칙적인 생활을 합니다.
④ 오늘이 무슨 요일이죠?
⑤ 네, 감사합니다.
⑥ 맙소사! 사고가 났어요.
⑦ 너는 반드시 해낼 수 있어!
⑧ 그와 그녀는 열 살 차이이다.
⑨ 밤에 피리 불면 뱀 나오는데……
⑩ 몇 대 몇이야?
⑪ 우리 집 강아지는 집을 잘 지킨다.
⑫ 이사 온 지 얼마나 됐어요?
⑬ 이제는 잠 잘 시간이다.
⑭ 잘 생각해 보아라.
⑮ 넌 어떻게 생각하니?
⑯ 그래요, 다 지난 일인데 어때요?
⑰ 이 일을 어떻게 하면 좋을까요?
⑱ 걷잡을 수 없는 상태가 되었다.
⑲ 두 끼나 굶었더니 배가 고프다.
⑳ 닭 두 마리를 샀다

(2) ① 되지우리 → 돼지우리
　　되지 → 돼지
② 김치찌게 → 김치찌개
③ 않아서 → 앉아서
④ 않고 → 안고
⑤ 돼는 → 되는
⑥ 뚝빼기 → 뚝배기
　　깍뚜기 → 깍두기
⑦ 갈께 → 갈게
⑧ 짜장면 → 자장면
　　곱배기 → 곱빼기
⑨ 왜식 → 외식
⑩ 나무젓가락 → 나무젓가락
⑪ 숫가락 → 숟가락
⑫ 마춤 → 맞춤
⑬ 해꼬지 → 해코지
⑭ 갈갈이 → 갈가리
⑮ 깎았다 → 깎았다.
⑯ 깎듯하게 → 깍듯하게
⑰ 두 살박이 → 두 살배기
⑱ 산봉오리 → 산봉우리
⑲ 달이고 → 다리고
⑳ 딱다구리 → 딱따구리

총정리 연습문제 159~160쪽

(1) 이번주 → 이번 주
　열여고 → 열려고
　즐거울꺼야 → 즐거울 거야
　바랄게 → 바랄게
　일시. → 일시 :
　장소. → 장소 :

(2) 어느마을에 → 어느 마을에
　하루밤 → 하룻밤
　돼었습니다 → 되었습니다
　혼자있기 → 혼자 있기
　큰소리로 → 큰 소리로
　그때 → 그 때
　때어 → 떼어
　어더 → 얻어

　한번 → 한 번
　두번 → 두 번
　송느냐 → 속느냐
　부쳐 → 붙여
　괄호 안 접속어 - (그러나)

헷갈리고 자주틀리는 맞춤법 (BEST 15)

헷갈리는 맞춤법		BEST 15	자주틀리는 맞춤법	
틀린 말	맞는 말		틀린 말	맞는 말
희안하다	희한하다	1	어의없다	어이없다
병이 낳았다	병이 나았다	2	오랫만에	오랜만에
않하고, 않돼 않된다	안하고, 안돼 안된다	3	어떻해	어떡해
문안하다	무난하다	4	몇 일 / 몇 일	며칠
움추리다	움츠리다	5	나중에 뵈요	나중에 봬요
정답을 맞추다	정답을 맞히다	6	예기	얘기
왠일인지	웬일인지	7	곷이 / 구지	굳이
단언컨테	단언컨대	8	설겆이	설거지
개구장이	개구쟁이	9	금새	금세
치고박고	치고받고	10	적중율	적중률
그럴려고	그러려고	11	빈털털이	빈털터리
눈쌀	눈살	12	핼쓱하다	핼쑥하다
내꺼	내거	13	제작년	재작년
바램	바람	14	건내주다	건네주다
전부에요 아니예요	전부예요 아니에요	15	할꺼야, 할께요	할거야, 할게요

어때요. 공감이 좀 되시나요?

이젠 학원에 가지않고 인터넷 동영상강의, 모바일강의로 한글 완전정복

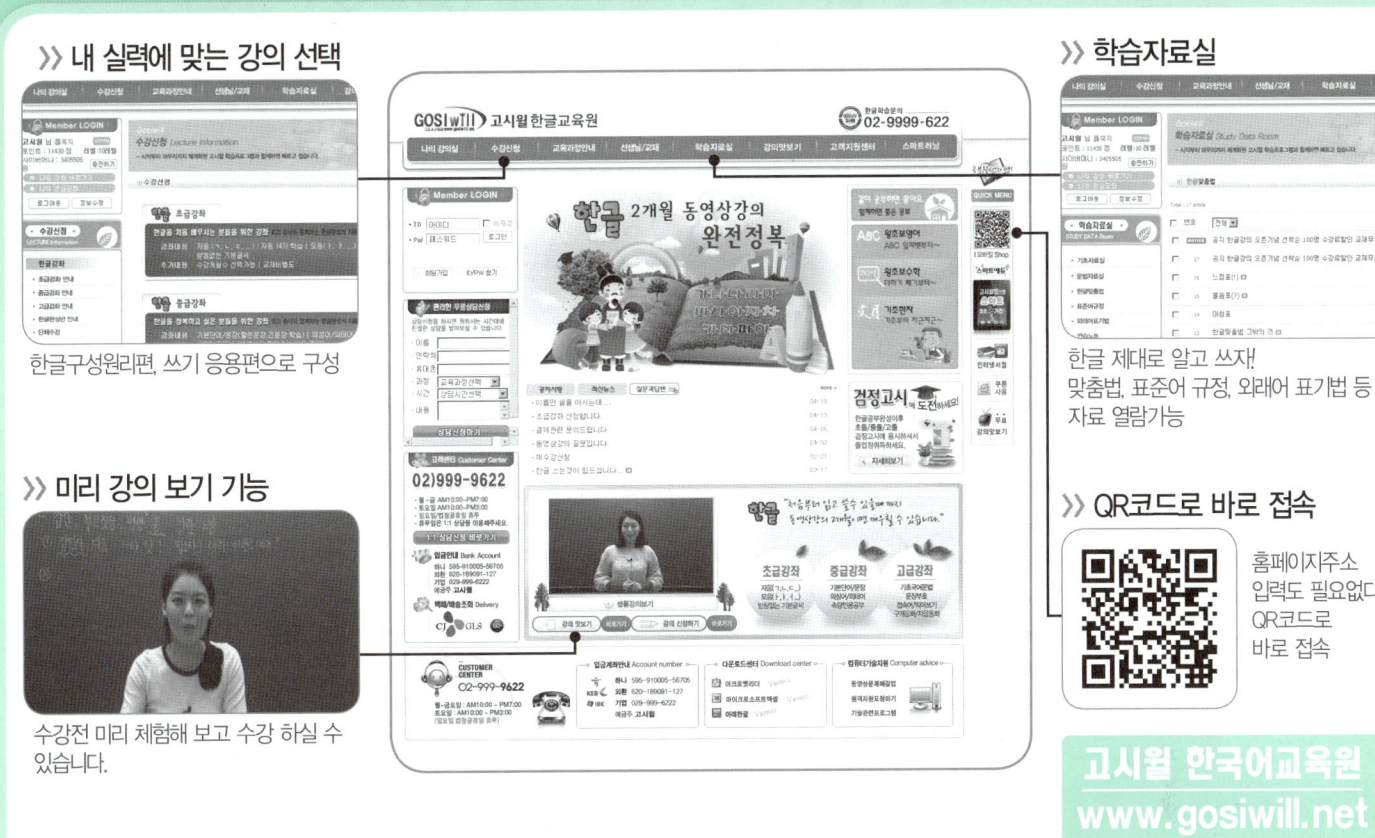

호환성 보기 설정방법(컴퓨터 강의 시청시 오류해결) 윈도우 익스플로어

>> 윈도우 운영체계 Win10 이상 사용시 강의시청 안될 경우 해결 방법

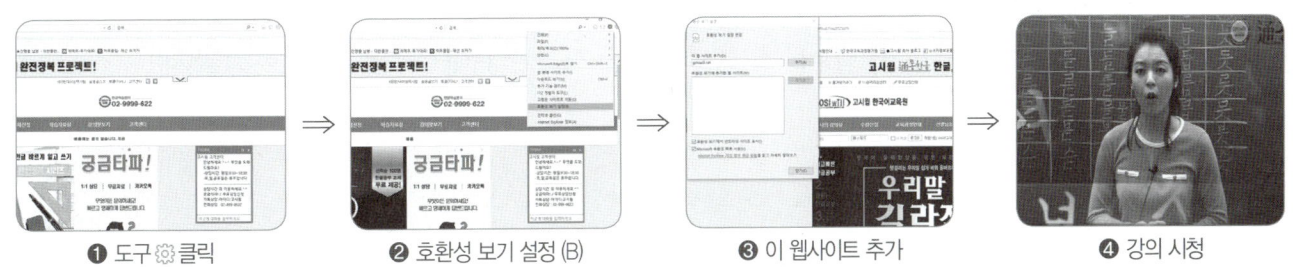

❶ 도구 클릭 → ❷ 호환성 보기 설정 (B) → ❸ 이 웹사이트 추가 → ❹ 강의 시청

Play스토어 외부플레이어 설치방법(스마트폰 강의 오류 해결)

>> 스마트폰에서 강의가 오류 날때 조치 방법

❶ 플레이 스토어 → ❷ KM플레이어 설치 → ❸ MX플레이어 설치 → ❹ 고시윌 웹 접속 m.gosiwill.net → ❺ 로그인 후 강의 시청

2개중 잘되는 어플 설치

고시윌 스마트 에듀 QR코드

고시윌 앱으로 스마트하게 즐겨라

▼ 스마트 에듀 설치가이드(안드로이드 스마트폰)

스마트 에듀

내 손 안의 작은 강의실!
모바일만 있으면 그곳이
바로 나의 강의실 입니다.

❶ 마켓 Play스토어 선택

❷ 검색 선택

❸ 고시윌 입력 선택

❹ 고시윌 어플 설치

❺ 나의 강의실 선택

❻ 수강중인 강좌 보기

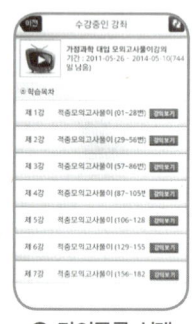
❼ 강의목록 선택

❽ 강의 실행

고시윌 스마트 에듀 QR코드

고시윌 웹으로 언제 어디서나 간편하게~

▼ 고시윌 웹 설치 가이드(모바일 기기)

m.gosiwill.net

내 손 안의 작은 강의실!
모바일만 있으면 그곳이
바로 나의 강의실 입니다.

❶ 고시윌 웹 접속

❷ 로그인

❸ 나의강의실

❹ 수강중인 강좌

❺ 목차 선택

❻ 강의열람 선택

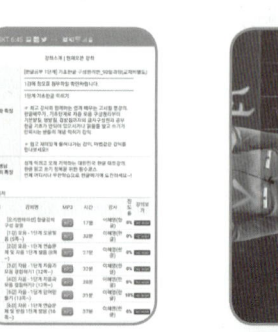
❼ 강의보기 선택

❽ 강의 실행

한권으로 한글떼기 시리즈 1탄

한글과 한판승

초판 인쇄 2014년 2월 01일
초판 발행 2014년 2월 10일
재판 발행 2020년 2월 21일

판 권
소 유

지은이 이혜영
발행인 황두환
발행처 도서출판 고시윌북스
주소 서울시 도봉구 노해로65길 11, 801호(창동, 한성빌딩)
홈페이지 www.gosiwill.net
전화 02.900.3766(교재) 02.999.9622(인터넷 강의)
팩스 02.999.2422
E-mail gosiwill@naver.com
등록번호 제2012-17호
정가 17,000원
ISBN 979-11-87388-55-5

이 책의 독창적인 내용은 저작권법에 의해 보호되므로
무단·인용·전재·복제를 금합니다

1 ▶ 연습 노트 ▶▶▶▶▶▶ 바르게 써 봅시다. ▶

20_____년 _____월 _____일 _____요일 작성자:_____

연습 노트 ▶▶▶▶▶▶ 바르게 써 봅시다.

1

20_____년 _____월 _____일 _____요일 작성자:_____

1

▶ **연습 노트** ▶▶▶▶▶▶▶ 바르게 써 봅시다. ▶

20_____년 _____월 _____일 _____요일 작성자: _____

▶ 연습 노트 ▶▶▶▶▶▶▶ 바르게 써 봅시다. 　　1

20_____년 _____월 _____일 _____요일　작성자:_____

1 ▶ 연습 노트 ▶▶▶▶▶▶▶ 바르게 써 봅시다. ✏️

20_____년_____월_____일_____요일 작성자:_____

▶ 연습 노트 ▶▶▶▶▶▶▶ 바르게 써 봅시다. ▶

1

20_____년 _____월 _____일 _____요일 작성자: _____

1 연습 노트 ▶▶▶▶▶▶▶ 바르게 써 봅시다.

20____년 ____월 ____일 ____요일 작성자: _____

▶ **연습 노트** ▶▶▶▶▶▶▶ 바르게 써 봅시다. ▶

1

20____년 ____월 ____일 ____요일 작성자:_____

1 ▶ 연습 노트 ▶▶▶▶▶▶▶ 바르게 써 봅시다. ✏️

20_____년 _____월 _____일 _____요일 작성자:_____

연습 노트 ▶▶▶▶▶▶▶ 바르게 써 봅시다. 1

20____년 ____월 ____일 ____요일 작성자:_____

1

▶ 연습 노트 ▶▶▶▶▶▶▶ 바르게 써 봅시다. ▶

20_____년_____월_____일_____요일 작성자:_____

연습 노트 ▶▶▶▶▶▶▶ 바르게 써 봅시다.

1

20_____년 _____월 _____일 _____요일 작성자:_____

1 ▶ 연습 노트 ▶▶▶▶▶▶▶ 바르게 써 봅시다. ▶

20____년____월____일____요일 작성자:_____

▶ 연습 노트 ▶▶▶▶▶▶▶ 바르게 써 봅시다.

1

20____년 ____월 ____일 ____요일 작성자:_____

1 연습 노트 ▶▶▶▶▶▶▶ 바르게 써 봅시다. ▶

20____년 ____월 ____일 ____요일 작성자:_____

연습 노트 ▶▶▶▶▶▶▶ 바르게 써 봅시다.

1

20____년 ____월 ____일 ____요일 작성자:_____

1 ▶ 연습 노트 ▶▶▶▶▶▶▶ 바르게 써 봅시다. ✏️

20_____년 _____월 _____일 _____요일 작성자:_____

▶ 연습 노트 ▶▶▶▶▶▶▶ 바르게 써 봅시다. **1**

20____년 ____월 ____일 ____요일 작성자:_____

1 ▶ 연습 노트 ▶▶▶▶▶▶▶ 바르게 써 봅시다. ▶

20_____년 _____월 _____일 _____요일 작성자:_____

▶ 연습 노트 ▶▶▶▶▶▶▶ 바르게 써 봅시다.

1

20___년 ___월 ___일 ___요일 작성자:_____

1 연습 노트 ▶▶▶▶▶▶▶ 바르게 써 봅시다. ✏️

20_____년 _____월 _____일 _____요일 작성자:_____

▶ **연습 노트** ▶▶▶▶▶▶▶ 바르게 써 봅시다.

1

20____년 ____월 ____일 ____요일 작성자:_____

1 연습 노트 ▶▶▶▶▶▶▶ 바르게 써 봅시다.

20____년 ____월 ____일 ____요일 작성자:_____

받아쓰기 노트

2

▶ 받아쓰기 노트 ▶▶▶▶▶ 바르게 써 봅시다.

20_____년 _____월 _____일 _____요일 작성자: _____

| 1 | | | | | | | | | | | |

| 2 | | | | | | | | | | | |

| 3 | | | | | | | | | | | |

| 4 | | | | | | | | | | | |

| 5 | | | | | | | | | | | |

| 6 | | | | | | | | | | | |

| 7 | | | | | | | | | | | |

| 8 | | | | | | | | | | | |

| 9 | | | | | | | | | | | |

| 10 | | | | | | | | | | | |

검인	출제자: 확인	점수
	채점의견:	

▶ **받아쓰기 노트** ▶▶▶▶▶ 바르게 써 봅시다.

2

20____년 ____월 ____일 ____요일 작성자: _____

1.
2.
3.
4.
5.
6.
7.
8.
9.
10.

검인	출 제 자:	확인	점수
	채점의견:		

2 ▶ 받아쓰기 노트 ▶▶▶▶▶ 바르게 써 봅시다. ✏️

20____년 ____월 ____일 ____요일 작성자: _____

1										

2										

3										

4										

5										

6										

7										

8										

9										

10										

검인	출제자:	확인	점수
	채점의견:		

▶ 받아쓰기 노트 ▶▶▶▶▶ 바르게 써 봅시다.

2

20____년 ____월 ____일 ____요일 작성자: _____

1.
2.
3.
4.
5.
6.
7.
8.
9.
10.

검인	출제자:	확인	점수
	채점의견:		

2 ▶ 받아쓰기 노트 ▶▶▶▶▶ 바르게 써 봅시다. ✏️

20_____년 _____월 _____일 _____요일 작성자: _____

1										

2										

3										

4										

5										

6										

7										

8										

9										

10										

검인	출제자:	확인	점수
	채점의견:		

▶ 받아쓰기 노트 ▶▶▶▶▶ 바르게 써 봅시다. ▶ 🖉 2

20____년 ____월 ____일 ____요일 작성자: _____

1.
2.
3.
4.
5.
6.
7.
8.
9.
10.

| 검인 | 출 제 자: | 확인 | 점수 |
| | 채점의견: | | |

2 ▶ 받아쓰기 노트 ▶▶▶▶▶ 바르게 써 봅시다. ✏️

▶ 받아쓰기 노트 ▶▶▶▶▶ 바르게 써 봅시다. 2

20 ____ 년 ____ 월 ____ 일 ____ 요일 작성자: _____

1.
2.
3.
4.
5.
6.
7.
8.
9.
10.

검인	출 제 자:	확인	점수
	채점의견:		

2 ▶ 받아쓰기 노트 ▶▶▶▶▶ 바르게 써 봅시다.

20_____년 _____월 _____일 _____요일 작성자:_____

1.
2.
3.
4.
5.
6.
7.
8.
9.
10.

검인	출 제 자:	확인	점수
	채점의견:		

▶ 받아쓰기 노트 ▶▶▶▶▶ 바르게 써 봅시다. 2

20_____년 _____월 _____일 _____요일   작성자: _____

1.
2.
3.
4.
5.
6.
7.
8.
9.
10.

검인	출제자:	확인	점수
	채점의견:		

2 ▶ 받아쓰기 노트 ▶▶▶▶▶ 바르게 써 봅시다. ✏️

20____년 ____월 ____일 ____요일 작성자:_____

1										

2										

3										

4										

5										

6										

7										

8										

9										

10										

검인	출제자: 확인	점수
	채점의견:	

▶ **받아쓰기 노트** ▶▶▶▶▶ 바르게 써 봅시다. ▶ 2

20____년 ____월 ____일 ____요일 작성자:_____

1.
2.
3.
4.
5.
6.
7.
8.
9.
10.

검인	출제자:	확인	점수
	채점의견:		

2 ▶ 받아쓰기 노트 ▶▶▶▶▶ 바르게 써 봅시다. ✏️

20____년 ____월 ____일 ____요일 작성자:_____

1											

2											

3											

4											

5											

6											

7											

8											

9											

10											

검인	출제자: 확인	점수	
	채점의견:		

▶ 받아쓰기 노트 ▶▶▶▶▶ 바르게 써 봅시다. 2

20   년   월   일   요일 작성자: _____

1.
2.
3.
4.
5.
6.
7.
8.
9.
10.

검인	출 제 자:	확인	점수
	채점의견:		

2 ▶ 받아쓰기 노트 ▶▶▶▶▶ 바르게 써 봅시다.

20____년 ____월 ____일 ____요일 작성자: _____

| 1 | | | | | | | | | | |

| 2 | | | | | | | | | | |

| 3 | | | | | | | | | | |

| 4 | | | | | | | | | | |

| 5 | | | | | | | | | | |

| 6 | | | | | | | | | | |

| 7 | | | | | | | | | | |

| 8 | | | | | | | | | | |

| 9 | | | | | | | | | | |

| 10 | | | | | | | | | | |

검인	출제자: 확인	점수
	채점의견:	

▶ 받아쓰기 노트 ▶▶▶▶▶ 바르게 써 봅시다. ✏️

2

20____년 ____월 ____일 ____요일 작성자:_____

1.
2.
3.
4.
5.
6.
7.
8.
9.
10.

검인	출제자:	확인	점수
	채점의견:		

2 ▶ 받아쓰기 노트 ▶▶▶▶▶ 바르게 써 봅시다. ✏️

20____년 ____월 ____일 ____요일   작성자: _____

1											

2											

3											

4											

5											

6											

7											

8											

9											

10											

검인	출제자: 확인	점수
	채점의견:	

▶ 받아쓰기 노트 ▶▶▶▶▶ 바르게 써 봅시다.

2

20_____년 _____월 _____일 _____요일 작성자:_____

1.
2.
3.
4.
5.
6.
7.
8.
9.
10.

검인	출제자:	확인	점수
	채점의견:		

2 받아쓰기 노트 ▶▶▶▶▶ 바르게 써 봅시다.

20____년 ____월 ____일 ____요일 작성자:_____

1.
2.
3.
4.
5.
6.
7.
8.
9.
10.

검인	출제자: 　　　확인	점수
	채점의견:	

일기장

3 ▶ 일기장 ▶▶▶▶▶▶ 일기를 써 봅시다. ✏️

20_____년 _____월 _____일 _____요일 작성자:_____

제	목										

(빈 원고지 칸들)

오늘 잘한 일	
내일의 계획	

일기장 ▶▶▶▶▶▶ 일기를 써 봅시다. 3

20____년 ____월 ____일 ____요일 작성자:_____

제목									

오늘 잘한 일	
내일의 계획	

3 ▶ 일기장 ▶▶▶▶▶ 일기를 써 봅시다. ✏️

20____년 ____월 ____일 ____요일 작성자: _____

| 제 | 목 | | | | | | | | | | |

제목

오늘 잘한 일	
내일의 계획	

일기장 ▶▶▶▶▶▶ 일기를 써 봅시다. 3

20_____년 _____월 _____일 _____요일 작성자:_____

| 제목 | | | | | | | | | | | |

오늘 잘한 일

내일의 계획

3 ▶ 일기장 ▶▶▶▶▶▶▶ 일기를 써 봅시다. ▶

20____년 ____월 ____일 ____요일 작성자:_____

제	목										

오늘 잘한 일	
내일의 계획	

▶ 일기장 ▶▶▶▶▶▶ 일기를 써 봅시다. 3

20____년 ____월 ____일 ____요일 작성자:_____

제	목									

(원고지 빈칸)

| 오늘 잘한 일 | |
| 내일의 계획 | |

3 일기장 ▶▶▶▶▶▶ 일기를 써 봅시다.

20____년 ____월 ____일 ____요일 작성자: _____

| 제목 | | | | | | | | | | |

오늘 잘한 일

내일의 계획

▶ 일기장 ▶▶▶▶▶▶▶ 일기를 써 봅시다. ▶✏️ 3

20____년 ____월 ____일 ____요일 작성자:_____

| 제목 | | | | | | | | | | | |

오늘 잘한 일

내일의 계획

3 ▶ 일기장 ▶▶▶▶▶▶▶ 일기를 써 봅시다.

20____년 ____월 ____일 ____요일 작성자: _____

제	목										

오늘 잘한 일

내일의 계획

일기장 ▶▶▶▶▶▶▶ 일기를 써 봅시다. 3

20____년 ____월 ____일 ____요일 작성자: _____

제	목										

오늘 잘한 일

내일의 계획

3　▶ 일기장　▶▶▶▶▶▶▶　일기를 써 봅시다. ✏

20____년 ____월 ____일 ____요일 작성자:_____

제	목										

오늘 잘한 일	
내일의 계획	

일기장 ▶▶▶▶▶▶ 일기를 써 봅시다. 3

20____년 ____월 ____일 ____요일 작성자:_____

제	목											

오늘 잘한 일	
내일의 계획	

3 일기장 ▶▶▶▶▶▶ 일기를 써 봅시다.

20____년 ____월 ____일 ____요일 작성자:_____

| 제 | 목 | | | | | | | | | | |

오늘 잘한 일

내일의 계획

▶ **일기장** ▶▶▶▶▶▶▶ 일기를 써 봅시다. ▶ 　　3

20＿＿＿년 ＿＿＿월 ＿＿＿일 ＿＿＿요일　작성자:＿＿＿＿＿＿＿

| 제목 | | | | | | | | | | |

오늘 잘한 일

내일의 계획

3 ▶ 일기장 ▶▶▶▶▶▶▶ 일기를 써 봅시다. ✏️

20_____년 _____월 _____일 _____요일 작성자:_____

제	목											

오늘 잘한 일	
내일의 계획	

▶ 일기장 ▶▶▶▶▶▶▶ 일기를 써 봅시다. 🖉 3

20____년 ____월 ____일 ____요일 작성자: _____

| 제 | 목 | | | | | | | | | | | |

| 오늘 잘한 일 | |
| 내일의 계획 | |

3 ▶ 일기장 ▶▶▶▶▶▶▶ 일기를 써 봅시다. ▶

20___년 ___월 ___일 ___요일 작성자: _____

제	목										

오늘 잘한 일	
내일의 계획	

고시월 通통한글 한글 전문교재
고시월 한글 교육원 전문강사진 연구·집필 교재

한글 완전정복 1탄

1단계 + 2단계
한글 기초·기본편

한글 완전정복 2탄

3단계
한글 쓰기·어휘 응용편

한글 완전정복 3탄
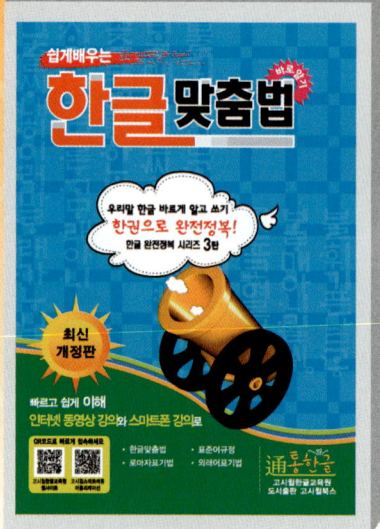
4단계
한글 맞춤법편

고시월
한글 완전정복 시리즈

최신 개정판

고시월 한글 완전정복 시리즈

교재구성
- 한글 공부 기초편
- 한글 공부 쓰기편
- 한글 맞춤법

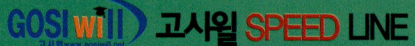 고시월 SPEED LINE
- HOMPAGE www.gosiwill.net
- 인터넷강의문의 02-999-9622
- 교재구입문의 02-900-3766
- E-Mail gosiwill@naver.com

NAVER 검색창에  를 쳐보세요

한글과 한판승

개정증보

기초부터 완성까지
한권으로 완전정복!
한글 완전정복 시리즈 **1**탄

한권으로
한글떼기

인터넷 동영상 강의와 스마트폰 강의로 빠르고 쉽게 한글완성!

- 한글 읽고 쓰기 편하게 단계별로 정리
- 한글 기초편, 쓰기편, 문법편으로 구분
- 쉬운 설명과 그림으로 이해하는 재미있는 한글공부
- 실생활에 필요한 문장과 속담인용

QR코드로 빠르게 접속하세요

고 시 월
홈페이지

고 시 월
모바일웹

고 시 월
모바일앱

최고의 선생님과 함께, 쉽게 배우고 익히는 고시윌만의
온라인강의, 모바일강의로 언제, 어디서나 무한반복 공부가능

한글공부 기본편
이혜영 선생님

1단계 기초한글 구성원리반

대 상	한글을 처음 시작하시는 왕초보 첫 단계 대상
강좌내용	자음(ㄱ, ㄴ, ㄷ, ㄹ…) : 자음 14자 학습 모음(ㅏ, ㅑ, ㅓ, ㅕ…) : 모음 10자 학습 받침없는 기본글씨 | 받침 결합 글자 | 겹받침 글자 익히기
수강기간	수강 개월 선택 가능 (30일, 60일, 90일)

2단계 한글 쓰기 / 문법 완성반

대 상	자음, 모음, 기초 구성원리는 가능하나, 받침 및 쓰기가 헷갈리는 분
강좌내용	기본 단어 / 문장 | 의성어 / 의태어(소리, 모양…) 속담 인용 공부 | 실생활 활용 문장 | 기초 국어 문법 문장 부호(?, !, " " …) | 띄어쓰기 | 구개음화 | 자음동화
수강기간	수강 개월 선택 가능 (30일, 60일, 90일)

한글공부 쓰기 응용편
김미애 선생님

" 일상 생활에 꼭 필요한 어휘 선별
바르게 읽고 쓰는 법 완성! "

3단계 한글쓰기 응용반

대 상	기본적으로 읽고, 쓰기는 가능하나, 정확하게 읽고 쓰는 게 헷갈리는 분
강좌내용	헷갈리는 단어나 문장을 비교하여 완벽하게 익힐 수 있는 단계 어휘력 : 가 ~ 하 까지 어휘 공부 활용력 : 비슷한 모음, 자음, 홑받침, 겹받침 공부
수강기간	수강 개월 선택 가능 (30일, 60일, 90일)

한글공부 맞춤법편
김은혜 선생님

" 한글 맞춤법, 표준 발음법,
표준어 규정 등 한국어 규정 완성! "

4단계 한글 맞춤법 및 표준 발음법

대 상	- 체계적인 맞춤법 및 국어 규정을 알고자하는 분 - 초등, 중등, 고등, 대학생 - 학교 국어시험, 공무원시험, 언론사시험 등 국어 지식이 필요한 시험을 준비하시는 분
강좌내용	한글 맞춤법 : 자모, 구개음화, 두음법칙, 접미사, 접두사, 합성어, 띄어쓰기(조사) 표준 발음법 : 받침의 발음, 음의동화, 경음화 외래어 표기법 : 인명/지명의 표기 로마자 표기법 : 표기의 기본원칙, 표기의 일, 표기상의 유의점
수강기간	수강 개월 선택 가능 (30일, 60일, 90일)